COLLECTION
FOLIO/HISTOIRE

Marc Ferro

L'histoire sous surveillance

Science et conscience de l'histoire

Calmann-Lévy

Marc Ferro, ancien professeur au Lycée d'Oran, a été désigné par Fernand Braudel au secrétariat puis à la direction des *Annales* (avec J. Le Goff et E. Le Roy Ladurie) en 1970.

Premier historien occidental à avoir eu accès aux archives soviétiques, il a renouvelé l'étude de la Révolution de 1917 en montrant qu'elle était issue d'un double mouvement : par en bas celui des soviets, par en haut celui des partis et syndicats. Née d'un double foyer, la transformation qui a suivi a ainsi vu s'opposer les valeurs socialistes, qu'incarnaient les premières mesures prises par les leaders bolcheviks, et les valeurs traditionnelles que recelaient les milieux populaires qui avaient géré le nouveau régime. Ainsi s'expliquent les traits de la période dite stalinienne.

Ensuite, pionnier de l'étude du cinéma en tant qu'agent et source de l'histoire, Marc Ferro a collaboré à la réalisation de films historiques pour la télévision, depuis *La Grande Guerre*, en 1964, jusqu'à *Lénine par Lénine* (en collaboration avec P. Sanson) et *Une histoire de la médecine* (en collaboration avec J.-P. Aron). Actuellement, il prépare une *Histoire comparée des colonisations.*

Simultanément, mettant à profit l'expérience que lui apportaient l'utilisation et l'étude des images, il a élargi sa réflexion à la théorie de l'histoire, en confrontant d'abord les différentes représentations que les sociétés se font de leur passé, puis en analysant l'écart qui sépare la conscience — de la science de l'histoire.

Pour prolonger cette réflexion, ses prochains travaux devraient porter sur le fait divers, une façon d'aborder ce que longtemps l'histoire a considéré comme non historique.

A Lucette Valensi
Et Jacques Revel

PRÉFACE

Actuellement, plus que jamais, l'histoire est un enjeu. Certes, contrôler le passé a toujours aidé à maîtriser le présent; aujourd'hui, toutefois, cet enjeu a pris une ampleur considérable. En effet, la démocratisation de l'enseignement et la diffusion des connaissances historiques par d'autres moyens – cinéma, télévision – contribuent à éclairer le citoyen à la fois sur le fonctionnement de sa propre cité et sur les usages et utilisations politiques de l'histoire.

Dans ces conditions, on l'imagine, l'histoire est sous surveillance. Au reste, on observe que plus la diffusion du savoir est large, et plus le contrôle sur la production historique est étroit : tantôt il émane de l'Etat, de ses organismes, et on y voit le signe que la liberté ne règne pas, tantôt la « liberté » règne, ce contrôle émane de la société, et le débat sur l'histoire occupe le devant de la scène; il s'élargit alors, et sont mis en cause à la fois l'enseignement de l'histoire, de la philosophie, etc., également les productions d'histoire de toute nature, à la télévision notamment : ainsi en va-t-il en France ou au Canada, au Japon, dans d'autres pays encore.

Car, à la vérité, l'Etat et la politique ne sont pas seuls à mettre l'histoire sous surveillance. La société s'en mêle aussi qui, pour sa part, censure et autocensure toute analyse qui révélerait ses interdits, ses lapsus, qui compromettrait l'image qu'une société entend se donner d'elle-même. Aux Etats-Unis, par exemple, alors que le nombre de *westerns* est infini, il existe très peu de films historiques où ce sont les Noirs qui sont mis en scène; quant à ces *westerns* où figurent les Indiens, si, depuis peu, il leur est, certes, octroyé un rôle sympathique lorsque l'action se situe dans le passé, leur misère présente n'est pas considérée comme un thème populaire pour le cinéma...

De fait, la société impose souvent des silences à l'histoire; et ces silences sont autant l'histoire que l'histoire.

On est ainsi amené à s'interroger sur les conditions qui déterminent la production et la nature des œuvres historiques, c'est-à-dire quels thèmes elles privilégient, de quelle façon elles les abordent; comment ces données ont évolué à travers le temps.

Or, le contenu, les procédures et la fonction d'une œuvre historique varient considérablement selon les *foyers* qui la sécrètent. Non seulement les analyses qui portent sur un même problème peuvent changer du tout au tout, mais le choix des phénomènes analysés est différent également. Ce sont ainsi les *modes de production*

– si l'on ose utiliser cette expression – des différentes œuvres historiques que je voudrais examiner en premier lieu dans cet ouvrage. Mais tout autant je souhaiterais aborder le problème plus particulier des liens et corrélations qui sont susceptibles d'exister entre, d'une part, ces foyers de production et, d'autre part, les traits caractéristiques des types d'histoire qu'ils sécrètent.

Ces questions se posent avec d'autant plus de vivacité aujourd'hui que la demande sociale se fait plus exigeante; qu'elle est, en outre, plus diversifiée que naguère. La fonction politique et sociale de l'histoire n'est pas nécessairement la même pour toutes les sociétés : un certain nombre de communautés nationales ou ethniques, tels ces ex-peuples coloniaux ou ceux définis naguère comme dénués d'histoire – et qui revendiquent une identité – n'ont pas, vis-à-vis d'une œuvre historique, les exigences du même type que les sociétés où la demande d'histoire répond à d'autres besoins. En France, par exemple, l'histoire est censée, pour les uns, consolider l'unité de la nation et la légitimité de l'Etat, pour d'autres, rechercher la « vérité » sur le passé, pour d'autres, restituer à des communautés particulières leur identité, pour d'autres enfin, elle est censée aider les citoyens à rendre intelligibles les mécanismes de la vie économique et politique. A une époque où, avec la crise, une mutation brutale frappe quotidiennement telle ou telle catégorie sociale, nul doute que la connaissance et l'intelligibilité de l'histoire ne procurent des indications et des repères à ceux qui les maîtrisent, les aidant ainsi à mieux percevoir les lignes motrices des transformations en cours. Ce savoir et ce savoir-faire contribuent également à mieux déceler les pièges des discours normatifs et idéologiques de toute propagande, de toute publicité, que ceux-ci émanent d'une Eglise ou d'une firme, d'un pouvoir ou d'un parti. On retrouve alors le politique et l'économique qui peuvent ainsi à la fois craindre et souhaiter la diffusion du savoir historique, de ses procédures d'analyse.

A Moscou, on écrit volontiers qu'il existe seulement deux types d'histoire : « celle des bourgeois et celle des marxistes ». Cette classification procède d'une réduction au politique, à l'idéologique; elle est plusieurs fois abusive. En premier lieu parce que définir comme « bourgeoise » toute histoire qui n'est pas « marxiste » (indépendamment du fait qu'il existe plusieurs façons d'écrire l'histoire selon le marxisme) revient à dire que hors la vision marxiste de l'histoire il ne saurait exister qu'un seul type de discours historique; implicitement cela revient aussi à identifier l'interprétation marxiste de l'histoire, du moins telle qu'on la définit à Moscou, à la seule analyse de caractère scientifique, alors qu'elle est également l'expression d'une idéologie, voire le mode d'expression d'un parti ou d'un Etat, sinon les deux à la fois. En second lieu, elle est abusive parce qu'il existe d'autres modes de classification qui émanent de la profession elle-même et qui, précisément, ont pour particularité de refuser toute référence à l'idéologie.

A dire vrai, les historiens sont peu portés à jeter un regard analytique et critique sur ces problèmes. Néanmoins, ils distinguent aujourd'hui l'histoire événementielle et non événementielle, l'histoire-récit et l'histoire-problème, l'histoire vue par en haut – les gouvernements, les « élites » – et l'histoire vue par en bas – les paysans, les ouvriers, l'évolution de la vie quotidienne *. Or, ces modes de classification ne prennent en compte qu'une ou deux des variables qui caractérisent l'œuvre historique; son mode d'exposition, la nature des thèmes abordés, les procédures d'analyse, la façon d'établir ou non des liens entre l'objet de l'étude et les problèmes du temps présent, etc. A part les marxistes précisément, ils se gardent, comme du feu, de toute définition qui pourrait prendre en compte l'idéologie que leur pratique est susceptible de receler; ils préfèrent s'étendre indéfiniment sur leur méthodologie, sur les pratiques de leur *métier.* Ils procèdent rarement à une analyse de la théorie de leur pratique, si tant est qu'ils en aient une.

* Voir en annexe (documents 1 et 4) deux critiques de l'histoire « événementielle », par P. Veyne et F. Simiand.

Ayant pour intention de prendre en compte à la fois les œuvres historiques, leur contenu implicite et ce qui les détermine, l'inventaire des foyers de leur production constitue ici la première des variables qui permet de repérer le statut des œuvres et quelques-uns de leurs traits. La deuxième variable concerne les procédures mêmes de l'analyse et les voies qui permettent à l'historien, s'il l'entend ainsi, de se rendre autonome vis-à-vis de la société et de l'Etat, ce qui lui permet de tenir un discours qui ne serait pas seulement une restitution, une remémoration – même critique –, mais une sorte de diagnostic sur l'histoire.

Première partie

LES FOYERS DE LA CONSCIENCE HISTORIQUE

L'analyse historique a constamment oscillé entre plusieurs modes : la philosophie politique, l'érudition, la démonstration scientifique qui ont interféré sous toutes les formes d'écriture et suivant des dosages variés.

Cependant, depuis un siècle ou deux, se sont concurrencées et ont voisiné plusieurs philosophies et interprétations de l'histoire, et ce sont elles qui ont pris le devant de la scène, neutralisant en partie l'effet des autres procédures.

Histoire providentielle, histoire laïque et positive, marxisme, chacune de ces visions du monde se jugeait plus juste que les autres; et, pensait-on, un jour l'histoire en jugerait. En vérité, croire qu'une interprétation de l'histoire s'avérerait exacte à l'exclusion des autres avait pour corollaire une autre certitude : qu'il existait une manière et une seule d'expliquer le développement des sociétés. Certes, cette vision différerait selon les idéologies; elle serait dominée néanmoins par des conceptions unificatrices et téléologiques dont le signe pouvait changer, mais pas le sens.

Seuls les historiens expérimentaux, notamment ceux de l'école des *Annales*, dissociaient les termes de ce couple; élèves de Mauss, de Simiand et de Durkheim, ils étaient à la recherche d'une méthode d'analyse qui fût immunisée de toute contagion idéologique, de toute conception téléologique et qui, par conséquent, jugeaient-ils, serait irréfutable. Comme chacun, ils croyaient en la possibilité de construire une histoire fiable, à condition de l'appréhender expérimentalement et avec l'aide des sciences sociales.

Or, durant la deuxième moitié du XXe siècle, toutes ces perspectives ont basculé. En premier lieu, la faillite des idéologies, et notamment du marxisme – pour autant que le discrédit du régime soviétique ait contaminé cette doctrine dont il se disait l'expression – a abouti à une mise en cause de la vision unilinéaire de l'histoire *.

En second lieu, la formidable pression de l'histoire en train de se faire, liée essentiellement à la révolte des peuples colonisés, a fait apparaître que le discours unificateur sur l'histoire était un leurre; que l'histoire « universelle » qui en

* Par un effet de dérive, cette mise en cause s'est même étendue à tout ce qui avait pu sécréter le marxisme, jusques et y compris la philosophie des Lumières, l'idée de Progrès et les notions de liberté qui y sont associées. Pour leur part, les marxistes mettent en avant les conceptions multilinéaires de Marx, de Boukharine. E. Loone, en Estonie soviétique a, pour sa part, construit un « modèle » de type structuraliste.

était l'expression était seulement la transcription d'une vision européocentrique du développement des sociétés; que la construction de ce modèle ait été l'œuvre de l'Occident tout entier, ou seulement de Moscou, n'y changeait rien.

Cette vision a été contestée; les « faits » énoncés autant que les raisons et raisonnements qui les associaient ont été mis en cause aussi bien par les Arabes que par les Africains, par les Vietnamiens ou les Indiens. Aux Etats-Unis, la vision traditionnelle de l'histoire a été critiquée par les Noirs, les Chicanos, etc. Ainsi se sont élaborées de véritables contre-histoires qui, quelquefois, sont devenues à leur tour l'histoire officielle...

A son tour, cet anti-modèle a bientôt essaimé jusqu'au cœur des patries de l'histoire européocentrique : les Occitans et les Gallois, les Corses, les Basques à leur tour veulent « décoloniser » l'histoire.

De sorte qu'aujourd'hui coexistent deux phénomènes en apparence contradictoires. D'un côté, sous l'effet des médias, ceux de l'œil – cinéma, télévision –, et ceux de l'oreille – radio, transistor, disque –, on assiste à un processus d'uniformisation des formes de l'existence quotidienne – malgré l'existence de môles de résistance, tels les pays de l'Islam chiite, une partie de la société indienne. D'un autre côté, en tant que genre, l'histoire universelle, à l'inverse, se putréfie et se décompose en un nombre croissant de représentations du passé, aucune vision globale ne rencontrant un consensus.

Dans ces conditions, les études accomplies parallèlement par les historiens expérimentaux pesèrent peu, parce que, se voulant détachés de l'idéologie, et par conséquent de l'histoire en train de se faire, elles sont demeurées souvent à l'écart, procédant à des travaux volontiers segmentaires. Même si ces analyses ont été légitimées par des historiens à l'Ouest, à l'Est et au Sud, ces limitations alimentèrent le doute ressenti sur la capacité de l'histoire expérimentale à appréhender les phénomènes historiques dans leur globalité.

Le problème des foyers de l'histoire, des lieux où elle se sécrète, de ses modes de production se pose ainsi de façon impérative. Car il est clair que chacun de ces foyers diffuse un discours différent par ses formes, par ses normes, par ses fonctions.

CHAPITRE PREMIER

L'histoire institutionnelle

LA FONCTION DE L'HISTORIEN; LE MÉTIER ET LE SIGNE

A travers les temps et les cultures, domine le foyer de l'*histoire institutionnelle,* parce qu'elle incarne et légitime un régime par l'histoire que ce foyer produit. « Une institution ne donne pas seulement une assiette sociale à une doctrine, elle la détermine et la rend possible subrepticement. » Ce jugement de Michel de Certeau peut être complété : l'histoire institutionnelle est également la transcription d'un besoin, en quelque sorte instinctif, de chaque groupe social, de chaque institution qui justifie ainsi et légitime son existence, ses comportements, qu'il s'agisse de l'Eglise, de l'Etat, de l'Islam ou du Parti[1].

D'Etienne Pasquier à Erncst Lavissc ou Mommsen, la permanence de cette fonction apparaît depuis le Moyen-Age occidental. Eduquer le Prince à mieux gouverner en lui enseignant l'histoire à la place des anciens *exempla* et *moralia;* réfléchir avec lui ou avec les gouvernants au sens et aux lois de l'histoire pour la mieux comprendre; inventorier et classer les archives du Roy, du Sultan ou de la Cour des Han, pour donner à l'institution une mémoire, une argumentation, une défense, le souci de l'efficacité apparaît dans tous les cas.

Pour l'époque de l'Antiquité gréco-romaine, Momigliano observe que cette dépendance et ce service deviennent manifestes au début du Haut Empire lorsque le pouvoir se centralise et se personnifie de façon permanente – alors qu'aux temps de la cité grecque, les historiens étaient, d'une certaine façon, plus autonomes. La renaissance de ce phénomène daterait, pour Florence, de l'époque de Leonardi Bruni, et pour la France, selon B. Guenée et G. Huppert, du XVe siècle également. Dans l'entre-deux, toutefois, Otto de Freising, en Occident, Ibn Khaldoun, dans le monde islamique, sont également au service de leur Prince[2].

En France, dès le XVIe siècle, Etienne Pasquier recommande aux historiens d'abandonner la langue latine au bénéfice de la langue vulgaire « afin d'être plus efficace », c'est-à-dire de glorifier la patrie, de mieux légitimer l'Etat qui l'incarne. Quelques siècles plus tard, à l'aube de la IIIe République, lorsque, toujours pour le compte de l'Etat, l'historien glorifie la nation, les instructions ministérielles font bien savoir que si l'enseignement de l'histoire n'a pas atteint un résultat, « le maître aura perdu son temps ». « Faire des patriotes sincères, tel est notre but en enseignant l'histoire de France », écrivait *la Tribune des Instituteurs et Institutrices* en 1884. Vérité pour la France, vérité pour l'Angleterre également, juge S. Baudemont qui a analysé cent quarante ouvrages d'histoire de l'époque victorienne : Napoléon n'aurait pas pu accomplir son destin en Angleterre, « car il y serait demeuré sans doute capitaine d'artillerie jusqu'à la fin de sa vie [...]. Chez un peuple possédant un sens moral, le poste suprême ne se prend pas par la forcc ». Habilcment, ce jugement légitime le régime parlementaire anglais au travers des vertus de la société... Vérité également pour la Russie, pour l'U.R.S.S., pour le Japon[3].

Dans ce dernier pays, cette fonction est la raison d'être même de la tradition historienne, au moins depuis qu'au XIVe siècle Chikafusa écrivit *l'Histoire de la succession correcte des Dieux et des Empereurs,* un ouvrage qui institue la légitimité de la Cour du Sud. Le Japon y est défini comme le pays des dieux parce qu'il existe une continuité ininterrompue entre les divinités et les empereurs du fait qu'Amaterasu, déesse du soleil, est l'ancêtre du premier empereur, Jimmu, qui est censé avoir établi sa dynastie en 660 (av. J.-C.). De là vient l'essence particulière de ce pays, son Kokutai : il n'est pas comme d'autres protégé par les dieux, il est le pays des dieux. Ultérieurement, les historiens ne sont plus des aristocrates indépendants comme Chikafusa ou Jien, mais des fonctionnaires stipendiés au service de la légitimité en quelque sorte. Ainsi, *d'abord est née la fonction,* et, comme en Occident, *ensuite le métier*[4].

Le point important est que *la fonction est ainsi indépendante du signe idéologique qui sous-tend l'institution,* foyer d'histoire. En France par exemple, il s'est développé plusieurs historiographies doubles qui se chevauchent et interfèrent. Ainsi, à partir du XVIe siècle, une histoire « catholique » et une histoire « protestante » de la Réforme et des guerres de Religion s'affrontent, – qui ne glorifient pas les mêmes héros; ensuite, plusieurs historiographies de la Révolution s'opposent; avant que, sous la Troisième République, une version laïque et une version cléricale de l'histoire de France se livrent à une véritable « guerre des manuels » que Christian Amalvi a analysée. Chacune proclame des idéaux rigoureusement antinomiques mais qui poursuivent le même but, l'inculcation d'une morale patriotique, avec chacune son propre panthéon de héros : d'un côté sainte Geneviève, Vincent de Paul, Louis XVI, Mgr Affre, etc., de l'autre, Etienne Marcel, le jeune Bara, le général Kléber, etc. Cette valorisation de l'Etat-nation transgresse les régimes et les institutions porteuses puisque non seulement un panthéon commun les unifie de Vercingétorix à Jeanne d'Arc et à Bayard, contre les mêmes personnages négatifs – des Bourguignons au connétable de Bourbon – mais que chacune de ces deux historiographies récupère quelques héros qui appartiennent à l'autre : Charlemagne, saint Louis et Henri IV, le cardinal Lavigerie d'un côté; les généraux républicains fondateurs de l'Empire colonial, et l'anticlérical Clemenceau, de l'autre – en tant que Père la Victoire[5]. On assiste ainsi à un va-et-vient permanent entre les institutions et la société.

On retrouve le même phénomène en Italie ou Garibaldi et Cavour sont également intégrés au panthéon national; en Grande-Bretagne, pour les héros catholiques ou protestants, princes ou non qui firent la grandeur maritime de l'Angleterre. Il se présente également en Inde, dans le monde islamique arabe ou non arabe, dans les sociétés où l'histoire est sécrétée par le Parti, comme on le vérifiera.

Même au Japon la *fonction absorbe le signe.* Avant 1868, les historiens avaient insisté sur la grandeur d'une dynastie qui, selon eux et contre toute vérité, avait perduré à travers les siècles. Après la restauration Meiji, on montre que le régime actuel est le meilleur parce qu'il a été voulu par les dieux, qu'il assure l'ordre et la paix civile, les progrès du pays et sa gloire à l'étranger. Ainsi, par une sorte de syncrétisme sont conciliés une vision providentielle de l'histoire du Japon, une théorie contractuelle, ou mandat du Ciel d'origine chinoise, et une valeur européenne de dimension universelle – l'idée de progrès – tandis qu'est justifiée l'expansion impérialiste[6].

Ces besoins, avec leur effet syncrétique, expliquent que survivent des visions de l'histoire qui, au moins dans le monde occidental, sont censées être dépassées par le savoir « scientifique », et, notamment ces *traces d'histoire provi-*

dentielle, sécrétée par une Eglise ou par une autre, traces qui font partie de la Vulgate. Ces survivances peuvent prendre plusieurs aspects :

De simples faits miraculeux, à peine remis en cause par la Vulgate qui les absorbe, et que la tradition attribue à l'intervention directe de Dieu. Par exemple, la victoire de Clovis à Tolbiac « après son baptême »; ou encore la mission de Jeanne d'Arc dont l'inspiration « divine » a pris forme au XVIIe siècle; en Angleterre également, seule la Providence a sauvé les Anglais de plusieurs catastrophes.

La greffe de l'histoire nationale sur l'histoire sainte, sans solution de continuité, comme il était enseigné dans les écoles chrétiennes au début du siècle, dans certains Etats traditionalistes aux Etats-Unis, telle la Virginie occidentale à l'époque du procès du Singe (1925); encore en Espagne à l'époque franquiste. Les repères chronologiques sont : 4004, création du monde; 4003, naissance d'Adam; 2348, le déluge; 1491, le miracle de Moïse; 1453, les Jeux d'Olympie; 1193, la guerre de Troie; 869, la fondation de Carthage; 753, Romulus, roi de Rome.

La référence explicite aux principes de l'Ecriture sainte pour expliquer ou justifier une politique; chez les Boers d'Afrique du Sud, par exemple, le Grand Trek de 1838 reproduit l'Exode de la Bible, afin que le peuple échappe à la malédiction d'une emprise par le Mal et l'argent qu'incarnent les Anglais installés au Cap depuis 1815. De même dans la Vulgate de l'histoire de ce pays, la référence aux textes sacrés sert à justifier l'Apartheid, « Dieu ayant voulu des races séparées ». Cette même référence fut reprise, au reste, par les Black Muslims aux Etats-Unis, durant les années 1960, lorsqu'ils réclamaient la constitution d'un Etat noir, séparé[7].

En Acadie, ces survivances forment un ensemble cohérent qui prend l'aspect d'une contre-histoire. Dans ce territoire actuellement partagé entre le Nouveau-Brunswick et la Nouvelle-Ecosse, où la population catholique et francophone fait face au double défi de la présence anglaise et de la laïcisation des mœurs au Québec, survit, sécrétée par l'Eglise catholique des campagnes, une vision providentielle de l'histoire de l'Acadie dont les traits essentiels ont été fixés naguère par l'abbé Groulx : prédestination de l'Acadie à une fidélité envers la France, population sauvée du désastre de 1755 par un dessein caché de la Providence, car une race française ne se forge pas comme une autre... « qui sait, l'analyse de son sang révélerait peut-être qu'il est plein de globules héroïques »; signe de ce privilège, occupée par l'ennemi, l'Acadie a ainsi échappé à la Révolution de 1789...[8]

Cette anglophobie s'incarne dans des musées, qui retracent les exploits des ancêtres contre l'ennemi anglais et protestant. L'emplacement de ces musées? Dans chaque village une ancienne église désaffectée : s'y enracine le foyer d'une histoire toujours vivante alors que dans le reste du Canada, même francophone, elle paraît bien désuète, anachronique[9].

Que la légitimité change de signe, de foyer et que la définissent en France successivement les juristes, l'Eglise, la nation, et les mêmes personnages historiques changent de sens. Ainsi en va-t-il de Jeanne d'Arc à travers les temps. Au XVe siècle, proches des juristes, les historiens officiels ignorent pratiquement la Pucelle et dans les *Annales* de Gilles il n'est même pas fait allusion à son procès. Car le triomphe du roi ne saurait s'accompagner de l'aide d'une sainte ou d'une sorcière; le service du roi exige la laïcisation de l'héroïne, et que son rôle aussi soit diminué – le roi a « *permis* » à Jeanne de l'aider dans son combat; les hommes du roi ont su manigancer son affaire, comprenant le parti que le roi pourrait tirer de la venue de Jeanne dont ils ont fait un miracle. La version pieuse naît plus tard quand l'Eglise fortifie son alliance avec l'Etat, veut l'incarner. Dès lors, le procès et l'évêque Cauchon gênent les catholiques qui, souvent, réduisent le rôle de celui-ci; accabler les Anglais, en faire les responsables de la mort de Jeanne est une version plus populaire. Avec la Révolution française et la vision laïque de l'histoire, ce sont les « voix » qu'entendit Jeanne qui gênent les narrateurs : on supprime saint Michel et l'on écrit que Jeanne crut entendre des voix. Autre changement après 1904, pour conforter l'Entente cordiale avec les Anglais, on restitue son mauvais rôle à Cauchon; quitte, pour sauver l'honneur de l'Eglise, à faire intervenir un moine qui, au moment où Jeanne va mourir, lui tend la Croix[10]. Ces versions expriment à la fois la vision des différentes instances et institutions qui dominent le discours sur l'histoire, leurs besoins successifs – et les nécessités d'un compromis.

Il en va des événements comme des personnages. Pour le massacre des protestants par les catholiques, comme la nuit de la Saint-Barthélemy, la version officielle, monarchique, explique, au XVIIe siècle, le massacre de 1572 en accablant la faiblesse du jeune Charles IX, un Valois alors que désormais règnent les robustes Bourbons descendants du gaillard Henri IV. Au XVIIIe siècle, en revanche, lorsque les théories sur l'absolutisme monarchique se renforcent devant la montée des mises en cause, l'histoire officielle reporte la responsabilité des massacres sur l'influence de Catherine de Médicis, la reine-mère; car un roi est au-dessus de tout soupçon[11].

Se modifie ainsi jusqu'au sens de l'histoire : avec la Révolution française et le changement de légitimité qu'elle institue, l'histoire est censée avoir pour signification d'amener cet événement qui lui donne un sens; et elle recherche désormais toutes les données et causes qui le prédéterminent[12].

L'exemple de l'histoire en France n'est qu'un cas particulier. Dans d'autres cultures, tel ou tel autre *principe de légitimité* régit l'histoire officielle de façon comparable. Dans certains pays du Croissant fertile, en Irak par exemple, l'arabisation de l'histoire – et des destinées de l'Islam surtout – conduit à réduire l'importance et le rôle des grands califes abassides, tels El Mansour ou Haroun el Raschid, parce qu'ils sont d'origine persane; ou encore à glisser sur le grand schisme entre sunnites et chiites; à identifier la fin de la grandeur du monde musulman à la chute de Bagdad, en 1258; alors que l'Egypte le sauva de la conquête mongole et que les Turcs ensuite relevèrent le drapeau du Prophète.

En Inde, à l'inverse, le principe de légitimité du pouvoir en place entend reposer non sur une race ou une religion mais sur l'identification du Mouvement national indien au principe de l'unité du continent tout entier – indépendamment de tout rapport privilégié à l'hindouisme. De sorte que l'histoire officielle « glisse » sur le conflit entre musulmans et hindouistes, entre Hindous et Sikhs. Cette histoire ne dit pas clairement que l'unification de l'Inde par les Anglais, qui institua un principe d'égalité entre tous ses habitants, libéra les hindouistes du statut inféricur subi depuis des siècles; elle ne peut crier sur les toits que, grâce aux conquérants impérialistes anglais, les musulmans furent rejetés de leur position supérieure, placés à un statut subalterne – qui les amena à revendiquer la sécession. L'histoire officielle ne peut pas dire non plus que la défense de la démocratie par Gandhi, loin d'être la reconnaissance de l'égalité entre tous les Indiens, était le seul système politique qui permettait à la majorité, hindouiste, de contrôler la minorité, musulmane; et qu'ainsi sous le couvert de l'indépendance, les grands leaders cherchaient aussi à rendre à l'hindouisme son statut dominant. Ainsi, pour légitimer son droit à gouverner l'Inde tout entière, l'histoire officielle se contente de définir le conflit avec les musulmans comme un « grand malheur »; en outre elle escamote le régime des castes comme principe d'explication de l'histoire de la société indienne. Elle présente ce système comme une sorte de régime social autonome, étranger à l'hindouisme alors que, comme l'a montré L. Dumont, il constitue l'essence même de l'hindouisme et du fonctionnement social puisque ses trois principes – séparation, hiérarchie, interdépendance des groupes héréditaires – se ramènent à un seul, l'opposition religieuse du pur et de l'impur. L'histoire officielle en Inde passe aussi sous silence que Gandhi fit une grève de la faim afin que les Intouchables ne bénéficient pas d'une représentation autonome dans la négociation avec les Anglais; elle tait également le problème du suicide des veuves, les conflits avec les Nagas, les Migos, les Sikhs, les Tamouls. L'histoire institutionnelle en Inde, à force de vouloir légitimer son action unificatrice finit par vider l'histoire d'une partie de sa substance; au nom de la fiction de cette unité, elle retire à l'histoire de l'Inde son originalité[13].

QUAND LE PARTI COMMUNISTE EST LE FOYER DE L'HISTOIRE

Que le foyer qui sécrète l'histoire soit *le Parti*, comme en U.R.S.S., et l'histoire devient alors, au sens propre, affaire d'Etat. En effet la légitimité du pouvoir du Parti se fonde sur l'histoire, sur elle seule, puisque le parti communiste se présente comme l'avant-garde et l'expression de la classe ouvrière à qui, dans la vision marxiste de l'histoire, incombe la tâche d'accomplir le passage au communisme.

Or le Parti a déjà accompli la révolution socialiste d'Octobre, manifestant la preuve qu'il avait su, et lui seul, analyser justement le processus historique; ainsi, l'histoire, il l'avait faite. Que d'autres, marxistes ou pas, puissent juger qu'en 1917 la Russie n'était pas « mûre » pour passer au socialisme – et le débat politique se transfigure en un débat historique.

Depuis 1917, le parti au pouvoir n'entend pas que l'histoire des historiens, même marxistes, puisse réfuter les analyses des dirigeants sur l'histoire en train de se faire; aussi ceux-ci surveillent-ils la production historique et ses auteurs, « des gens dangereux », disait Khrouchtchev; car ces historiens constituent *la seule instance susceptible de mettre en cause la légitimité des dirigeants.* Le Parti ne gouverne en effet que grâce à une conformité nécessaire entre le développement historique et ses propres analyses; condamné à être infaillible, les seules erreurs qu'il peut commettre sont dues aux personnes, pas au Parti ni à l'Etat-Parti en tant que tel. Au pire, la réalité doit se conformer à son diagnostic. Inversement toute analyse non conforme est nécessairement définie comme antisoviétique, non marxiste, non scientifique, « bourgeoise », car toute mise en cause des analyses historiques faites en U.R.S.S. constitue soit une attaque contre la ligne du Parti, sa pratique, par conséquent son droit à gouverner; soit un acte déraisonnable car on ne s'oppose pas plus à l'histoire qu'à la science – et le Parti incarne les deux. Criminel ou débile, tel est ainsi le statut d'un opposant.

Ce type de relations, ici quelque peu schématisé, est un aboutissement qu'on peut dater des années 1950. A l'origine, il s'appliquait tout juste à l'histoire du Parti dont l'Institut Marx-Engels est la Vestale; ensuite il s'étendit à ce qui la déterminait, à l'histoire en général, l'Académie constituant la pépinière de ces historiens. A l'origine toujours, la science marxiste, indépendante de tout pouvoir, voulut transformer le discours sur l'histoire défini comme l'idéologie de la bourgeoisie en une véritable science des sociétés. Pokrovski fut le père de cette transfiguration : en historien, il recommandait le recours direct aux sources – car tout récit est une construction, une idéologie – mais en faisant la critique théorique de ces sources, elles-mêmes expression du pouvoir qui les fabrique : « Les œuvres qui s'appuient sur ces sources sont objectives à la façon dont un parlement représente le peuple. » A la façon dont le marxiste F. Mehring, en 1912, avait conçu une histoire d'Allemagne, il construisit une histoire des classes sociales et des modes de production en Russie, de l'esclavage au féodalisme et au capitalisme, affirmant que des institutions communautaires avaient bien existé à l'origine, pour montrer ainsi que la propriété privée n'est pas une nécessité hors du temps. Cette histoire déterministe, linéaire, irréversible et régie par des lois, typiquement marxiste, évacuait les grands hommes et les événements, les dates également; « histoire par en bas qui se substituait à l'histoire des grands hommes, des " faits " et des super-institutions[14]. »

Dès les années 1920, Lunatcharski, Boukharine et quelques autres protestèrent contre ce type d'histoire « sans dates, sans personnages, sans événements », trop abstraite. Ils la jugeaient contraire à la fois à toute pédagogie (pendant une dizaine d'années elle avait remplacé le récit traditionnel dans les établissements scolaires) et surtout indifférente aux *besoins* du nouvel Etat soviétique. Pokrovski fut condamné et éliminé en 1934, Staline et Jdanov s'en mêlèrent directement; ils relurent les historiens russes classiques, tels Kljuchevski, Platonov, Solovev, et firent valoir qu'il était nécessaire de ressusciter le récit avec des héros, des anecdotes, pour rendre l'histoire vivante, attachante, qu'elle donne l'amour de la patrie et du socialisme – mais en l'insérant dans une perspective globale marxiste. Avec Iaroslavski, le tournant est pris : *l'histoire redevient morale,* avec « des bons et des méchants », alors qu'au temps du triomphe du marxisme proprement dit, elle était devenue une science des sociétés, indifférente à ces considérations idéologiques, soucieuse seulement d'observation et d'analyse.

Dès lors, en tant que discipline, l'histoire fut reconsidérée; le statut du discours historique réévalué; la vision d'ensemble reconstruite; cette « nouvelle histoire » présente quelques caractères originaux. Indiquons d'abord les traits qui sont liés à des directives officielles; au principe de la légitimité qui les inspire.

La première caractéristique est la juxtaposition de deux formes d'écriture de l'histoire. D'une part, une analyse sociohistorique qui observe et classe les modes et les formes de production, les conflits sociaux et qui détermine les relations entre « infra- » et « super-structures ». D'autre part, un récit, de type traditionnel, avec personnages, dates, événements – le dosage entre ces deux écritures varie en fonction du lecteur. A l'école élémentaire ou dans le premier cycle du secondaire, le récit l'emporte et les principes d'analyse marxiste encadrent seulement le récit. Il n'en va pas de même pour les travaux plus spécialisés. Les ouvrages appartenant à la forme la plus élaborée de la réflexion sur l'histoire mettent au point le statut des catégories et des méthodes : rapports entre l'histoire générale et l'histoire locale, entre les différentes temporalités, entre structure et processus, entre les formes de développement des différentes lois de l'histoire, etc.

La mise à l'index des institutions et groupes sociaux qui ont contrarié le développement « normal » du processus historique et qui sont « responsables » des événements dramatiques et déplorables, des malheurs de l'histoire; des misères que le peuple a subies : l'Eglise et la religion « remparts du féodalisme et de l'ignorance » figurent au premier rang des accusés, précédant la noblesse, les grands capitalistes. A. Teyssier-Tchernichev a établi l'inventaire de l'environnement textuel qui accompagne ces développements sur le clergé : exploitation, extorquer, haïr, écraser d'impôts, priver de terres, mourir de faim, confisquer, exiler, piller, menacer, anéantir, exterminer, allumer la braise, cruauté de bêtes, moyens ignobles, clergé cupide, supercherie, mystification.

L'établissement d'un panthéon et d'une chronologie à dominante patriotique, révolutionnaire et scientifique. Dans ce panthéon figurent aussi bien Alexandre Nevski, Jeanne d'Arc et Babek *, que Galilée, Copernic ou F. Bacon; les grandes révoltes populaires de Spartacus à la Commune de Paris ponctuent les phases du développement historique[15].

Pour la période qui suit 1917, en U.R.S.S., l'expulsion de l'histoire d'un certain nombre de personnages ne trouve pas son seul principe dans le caprice du Prince-Parti, même si ces personnages, tel Trotski, réapparaissent uniquement sous leurs traits négatifs, chaque fois qu'ils sont en désaccord avec Lénine. L'autre principe est la prétention à la scientificité du discours sur l'histoire; or, pas plus qu'une histoire des découvertes

* Héros caucasien dans la lutte contre les Arabes. Fait prisonnier, il eut la main tranchée. Il se barbouilla alors le visage de son sang et dit : « Quand un homme meurt, il pâlit. Je ne veux pas que mes ennemis me voient pâle. »

vertes techniques n'indiquerait les inventeurs qui ont échoué, une analyse de la construction du socialisme ne saurait mentionner les participants à qui l'histoire a donné tort : voilà qui explique fondamentalement pourquoi Staline a disparu des ouvrages d'histoire depuis que l'ère Brejnev a authentifié le rapport Khrouchtchev sur les « erreurs » et les crimes de Staline. Simultanément, le tourniquet des héros-traîtres jetant « dans les poubelles de l'histoire » la plupart des dirigeants qui l'ont animée – Lénine et les dirigeants présents faisant exception – l'histoire du régime se vide de ses personnages et succombe au péché d'abstraction. Pour animer le récit, rendre son déroulement « attachant et pathétique », l'histoire officielle y introduit des *grands anonymes,* non pas ceux qui ont fait l'histoire (conception idéaliste) mais bien ceux que « l'histoire a produits » : depuis le premier « collectif » de l'usine de tracteurs de Kharkov, jusqu'aux stakhanovistes et à Gagarine.

La *révision rétrospective* de l'histoire est particulièrement spectaculaire. Elle diffère de celle qui s'est opérée ailleurs parce qu'elle procède ici de la même instance; c'est le même foyer qui modifie sa propre analyse du passé, selon les exigences et nécessités du moment; – alors qu'en Occident, modifications et changements dans l'énonciation et l'explication du passé émanent d'instances différentes (laïcs, cléricaux) qui, successivement ou simultanément, imposent peu ou prou leurs conclusions.

Georges Enteen a fait l'étude d'un cas pertinent de rétrospective, celui des analyses sur l'état économique de la Russie, en 1914. On peut le juger simultanément « avancé », vu les énormes progrès accomplis par l'industrie et la concentration depuis dix ans avec ses retombées expansionnistes en Asie; ou bien « dépendant », « semi-colonial », si l'on considère que ce capitalisme est plus ou moins contrôlé par les grandes banques françaises, anglaises ou belges. Pour autant qu'en octobre 1917, les bolcheviks accomplissent une révolution socialiste qui « dépasse le stade de la révolution bourgeoise », l'analyse officielle exige que l'état de la Russie le détermine, qu'elle soit par conséquent à un stade avancé de son développement. Dire le contraire est « du menchévisme ». Or, si durant ces années-là, le discours historique est encore libre, il ne l'est plus en 1927. A cette date, c'est parce que la Chine n'est pas au stade avancé qui lui permettrait d'accomplir une révolution communiste que, selon Staline, ce serait une erreur de soutenir la Commune de Canton; et le gouvernement soviétique laisse Tchang-Kaï-chek écraser les communistes de Chen-Du-Tsiu, pour renforcer la légitimité de l'Octobre soviétique, il importe de montrer que la Russie en 1917 était bien plus avancée que la Chine en 1927 : cette fois les historiens qui le nient sont définis comme trotskistes, et condamnés *. En revanche,

* Trotski jugeait qu'abandonner les communistes chinois était trahir la révolution mondiale. La thèse de la Russie arriérée en 1914 apportait de l'eau à son moulin. En vérité sur le fond, Staline jugeait que Tchang Kaï-chek était un obstacle plus réel à la pénétration

en 1936, lorsque la menace allemande plane sur l'Europe orientale, que l'U.R.S.S. veut rallier les Etats agraires (Lituanie, Lettonie, Pologne, Roumanie) à une défense commune contre l'impérialisme allemand – pour mieux se les associer –, la politique soviétique veut leur montrer que tous ces Etats de l'Europe orientale, Russie comprise, sont solidaires dans leur semi-dépendance vis-à-vis du capitalisme avancé qu'incarne désormais l'Allemagne nazie. Ceux qui affirmaient que la Russie était un Etat avancé s'étaient trompés.

Vingt ans plus tard, durant les années 1960, dire que la Russie, en 1914, était un Etat avancé revenait à diminuer les accomplissements du régime soviétique, donner des arguments aux antisoviétiques, et laisser croire, comme l'affirmait l'Américain Gerschenkron, que sans révolution d'Octobre, l'économie russe aurait, *de toute façon,* atteint les résultats obtenus par « l'héroïque labeur des travailleurs soviétiques[16] ».

Cet exemple sur une variation rétrospective n'est pas unique; les jugements sur Napoléon, également, ont changé, ou sur Pierre le Grand. Mais le choix d'Enteen est exemplaire parce qu'il démonte clairement la mécanique des relations qui s'est établie en U.R.S.S. entre l'histoire en train de se faire et l'analyse « scientifique » des phénomènes historiques.

En Pologne, le foyer qui sécrète l'histoire officielle incarne à la fois l'Etat, le Parti et l'alliance

occidentale que ne pourrait l'être, à cette date, un régime communiste. Il avait agi de la même façon, en 1920, en Djilan, abandonnant les communistes persans aux coups de Reza Chah.

obligée avec Moscou. Ce dernier trait prime les deux autres : la dépendance de la Vulgate se manifeste en effet moins par l'ajustement de la vision traditionnelle de l'histoire de la Pologne à des principes ou à une périodisation proprement « marxistes » que par une attention vigilante envers tout ce qui concerne les rapports de la Pologne avec son voisin. « *Surmonter les* représentations erronées et les *stéréotypes* », cette formule résume les directives fondamentales de cette histoire officielle. Le principal « stéréotype » est évidemment l'idée que les Polonais se font des Russes, « bourreaux » des Polonais, responsables des partages et garants du régime actuel. Pour déraciner la théorie des « deux ennemis » – le Russe et l'Allemand –, l'histoire officielle procède de plusieurs façons :

Elle banalise les conflits entre les Russes et les Polonais, en rappelant que la Pologne a été la victime de multiples prédateurs : les Allemands essentiellement, mais également les Suédois comme en témoigne le monastère de Czestochowa, et les Turcs que les Polonais repoussèrent plusieurs fois.

Elle met en valeur les grands moments de la solidarité slave entre Russes, Polonais et Lituaniens, notamment contre les chevaliers Teutoniques.

Elle escamote des épisodes tels que la première soviétisation forcée de la Pologne, en 1919, et la constitution du « gouvernement » fantoche de Bialystok, par Marslewski et Djerzinski; le sort du parti communiste polonais durant l'entre-deux-guerres, dont les membres furent assassinés par la Guépéou, ou les suites du Pacte germano-soviétique.

Elle transfigure et « déplace » certains événements : par exemple, en honorant les victimes des bourreaux nazis à Khatin (Biélorussie), une manière d'effacer le souvenir du massacre des officiers polonais par les Soviétiques à Katyn (Podolie) que l'on impute aux Allemands. Même procédé pour les massacres de Praga (1794) commis par les Russes, effacés et auxquels se substitue la « fusillade » des ouvriers de Praga, en 1927, par le « fasciste » Pilsudski.

Les autres « stéréotypes » sont liés au rôle joué par l'Eglise dans l'histoire de la Pologne et qui, au travers du lien avec Rome, ancre ce pays dans la civilisation « occidentale ». La difficulté vient du rôle ambigu de la hiérarchie polonaise dans ses rapports avec la société et l'Etat, de l'impossibilité pour l'histoire officielle de l'attaquer de front, comme il avait été fait en U.R.S.S. En outre, pour autant qu'au travers des différentes occupations étrangères l'Eglise a joué le rôle d'un conservatoire culturel et patriotique, il est plus délicat de s'en prendre à elle qu'aux nobles, aux riches, à la Szlachta, d'autant moins qu'elle est la seule Eglise nationale à ne pas avoir sanctifié les rois, à ne pas avoir scellé l'alliance du trône et de l'autel ni ainsi renforcé – comme l'Eglise orthodoxe – la « tyrannie » du Prince. La lutte contre les stéréotypes se limite ainsi au rappel appuyé des moments où l'Eglise n'a pas le beau rôle : quand elle manifeste son « obscurantisme » en condamnant Copernic; mais ce « grand savant réussit à faire des découvertes malgré la censure »; lorsque le pape condamne l'insurrection de Varsovie en 1830. En revanche le silence est fait sur la grande tolérance que manifesta l'Eglise polonaise au XVIe siècle, un cas rare pourtant dans l'histoire du catholicisme, et qui fut précisément à l'origine du siècle d'or de la culture polonaise[17].

Ainsi, qu'elle soit au service de l'Etat, de l'Eglise, de l'Islam ou du Parti, cette histoire institutionnelle est un *discours en prise sur l'histoire* en train de se faire; et, comme l'histoire, ce discours évolue nécessairement, changeant constamment son système de références, subissant toutes les métamorphoses, s'accommodant d'écritures différentes. De sorte que selon la nature de cette mission, selon l'époque, l'historien a adopté tel ensemble de sources, choisi telle ou telle méthode; il en a changé comme un combattant change d'arme et de tactique quand celles qu'il utilisait jusqu'à présent avaient perdu leur efficacité. Cette constatation trouve une ultime confirmation dans l'historiographie polonaise d'après la Seconde Guerre mondiale qui, faute de sources écrites, anéanties, disparues, ou sciemment détruites par l'occupation étrangère et les nazis en Silésie notamment, a découvert dans les produits de la civilisation matérielle une matière documentaire inédite : elle permettait de prouver l'identité de la nation polonaise, son enracinement entre les frontières qu'elle revendique, grâce à la forme des champs, et au tracé des sillons.

Les mêmes historiens polonais qui figurent parmi les plus inventifs du monde, ont également imaginé un mode d'analyse des problèmes intérieurs qui leur permettait de *tourner les directives officielles* qui, en 1958, recommandaient « dans l'histoire de la Pologne, de s'occuper surtout des régions du nord et de l'ouest » – pas de l'est, naturellement sur lesquelles les Soviétiques avaient mis la main. Pour pouvoir en témoigner ces historiens ont découvert les ressorts, jusque-là inédits, des études locales dont ils ont renouvelé la fonction. Jusque-là ces monographies constituaient des études particulières; ils ont transformé le genre en faisant des régions étudiées des échantillons, des modèles d'une histoire plus générale de la Pologne : par exemple, analysant tel marché « du nord ou de l'ouest », ils montraient jusqu'où il étendait ses relations, à l'est précisément.

Dans ce pays, où sous le regard sourcilleux des Soviétiques, comme sous le regard inquiet et mal à l'aise du parti qui collabore, il n'est pas aisé d'écrire l'histoire librement, certains parviennent néanmoins à esquisser, face à l'histoire officielle, les linéaments d'une contre-histoire[18].

Aujourd'hui, étant donné la nature des fondements de la légitimité du pouvoir en place, le cas de la Pologne et de l'U.R.S.S. constitue des figures extrêmes. Le contrôle des institutions gouvernementales sur l'histoire, sans être total (comme il le fut en Allemagne nazie) est d'ordinaire plus fluide. Mais l'importance de l'enjeu n'échappe pas, surtout quand l'historien met en cause *la légitimité du Prince,* quel que soit son signe.

Déjà, au XVIIIe siècle, Fréret fut menacé : il niait que les rois de France pussent être les descendants de Priam, roi de Troie; il démontrait, documents à l'appui, qu'à l'origine, ces rois de France avaient été de simples petits guerriers francs, d'origine germanique. Louis XIV le fit embastiller. Sa surprise témoigne que, bon érudit, il n'avait pas nécessairement le sens de l'histoire. Pour sa part, Michelet ne fut pas surpris d'être révoqué pour avoir refusé le serment à Napoléon III, ou pour son œuvre passée. Quant à Slutski qui, en 1934, voulut ouvrir un débat, à Moscou, pour vérifier jusqu'à quel point Lénine, en 1912, était ou n'était pas encore un vrai bolchevik, il témoignait, avant de mourir, qu'il n'avait pas vraiment compris la relation essentielle qui unit les institutions et l'histoire.

HISTOIRE GÉNÉRALE ET EUROPÉOCENTRISME

L'histoire institutionnelle dont il a été essentiellement question jusqu'ici s'appuie sur une *organisation hiérarchique de ses sources* qui est le reflet de rapports de pouvoirs, elle en reproduit l'histoire, est la conscience du pouvoir. En tête du cortège figurent donc, chamarrés et prestigieux, les textes sacrés, documents uniques, expression de sa puissance : autographes et édits royaux, discours politiques, références bibliques ou coraniques, jugements de Marx, Lénine ou Mao; ensuite cette histoire concède quelque légitimité aux commentateurs (*hadiths* et lois ou ordonnances, statistiques officielles, communiqués des porte-parole); plus loin dans le cortège, respectueusement vêtus de noir comme le tiers état, viennent les sources publiques, la presse, les écrits de témoins anonymes et simples citoyens; jamais ces documents ne sauraient servir de référent, tout au plus de référence. Quant à l'image, aux gestes, aux chansons ou aux films, cette histoire-là les juge pacotilles. A moins de les utiliser, non comme une source, mais comme reproducteurs d'histoire officielle. Celle-ci, comme ses maîtres, l'Etat, l'Eglise, le Parti, s'accommode en effet parfaitement de reconstitutions historiques qu'ils considèrent avec une condescendance amusée.

On a dit quelques-uns des traits de cette histoire dominante et qui sont liés aux principes de légitimité qui la sous-tendent. Il est vrai que cette histoire présente *d'autres caractéristiques.*

En premier lieu, l'histoire officielle s'est très vite présentée, au moins en Europe, comme un *discours d'histoire générale.* Depuis les chrétiens de l'Antiquité jusqu'à Bossuet, les encyclopédistes, les positivistes, les marxistes, la vocation de ces historiens est bien de tenir un discours à valeur universelle – la tentation philosophique dont il a été question[19]. Or, aujourd'hui, ce discours unitaire se meurt. Il sera mort d'avoir été le mirage de l'Europe qui le construisait à l'aune de son propre devenir. Dans la Vulgate de cette histoire qu'expriment les grandes encyclopédies, les manuels scolaires de tous les pays européens, qui part de l'Egypte ancienne, et, par la Grèce, Rome, Byzance, mène à l'époque contemporaine, les différents peuples de la terre n'avaient d'existence qu'à titre de passagers, quand l'Europe se promenait par là, ou bien encore lorsqu'elle jugeait, qu'écrivant le passé de ces peuples, ils finiraient par descendre d'elle. Exemplaire est, de ce point de vue, le cas de la Perse, ou plutôt du statut de son histoire. Dans les ouvrages du monde occidental tout entier, elle apparaît avec les Mèdes, puis disparaît avec la conquête arabe, pour réapparaître aux XIXe et XXe siècles dans son rapport avec les Russes et les Anglais (le traité de 1907) comme si, entre-temps, les Persans n'avaient pas eu d'histoire. Comme si, sous prétexte qu'à part Montesquieu on n'a plus parlé d'eux en Occident, leur devenir ne méritait pas d'être considéré, comme s'ils n'avaient plus d'histoire. Le résultat est exemplaire : aujourd'hui, ignorant tout de la spécificité du développement de ce pays, l'Occident n'a rien compris à la chute des Pahlavi, il n'a pas su interpréter les événements de 1980. Formé à considérer comme la norme son propre modèle, celui de son histoire, l'Occidental a eu la vue trop courte pour saisir qu'en Iran, le clergé (chiite) pouvait être l'allié de la bourgeoisie (du Bazar) contre l'Etat modernisateur. Il ne l'a pas compris parce qu'en Occident le rapport entre ces catégories était inverse : depuis 1789, la bourgeoisie y est l'alliée de l'Etat contre l'Eglise. De la même façon, ignorante de l'histoire de ce pays, la presse occidentale prend rarement en compte, dans le conflit entre l'Iran et l'Irak, ce qui, indépendamment du pétrole, des conflits idéologiques entre chiites et sunnites, entre religieux et laïques, le sous-tend en profondeur : la haine et la rivalité ancestrales qui opposent les Persans et les Arabes, les premiers n'ayant jamais oublié que les seconds mirent fin à leur grandeur, au temps des Sassanides, alors que la Perse incarnait la civilisation et qu'au contraire les Arabes étaient considérés comme des pillards et des sauvages du désert.

Vérité pour l'histoire des Persans mais vérité aussi pour l'histoire de l'Egypte, pour l'Arménie, pour le Japon, que sais-je ? Leur histoire n'était histoire que lorsqu'elle croisait notre histoire.

Le destin de *la notion de civilisation* est également significatif de la vision européocentrique de l'histoire. Désignant à l'origine ce qui est poli, civil, le terme s'opposa ultérieurement à ce qui est barbare, et pour les Européens ce furent les « bons sauvages » d'Amérique notamment. Pendant longtemps en compétition avec le terme *Kultur*, il finit par désigner les aspects matériels, inférieurs de la culture; toutefois, au XXe siècle, avec les débuts de la mise en cause de l'européocentrisme, un nouveau retournement et un autre changement eurent lieu, les civilisations passant au pluriel et le terme n'étant plus réservé à une seule société. Si aujourd'hui, dans l'emploi de ces deux termes, c'est le chaos (on parle à la fois de civilisation matérielle et de culture primitive), ces discussions n'en ont pas moins été à l'origine de théories de l'histoire (Spengler, Toynbee) qui eurent un grand succès parce qu'elles avaient pour fonction d'affirmer la supériorité de la civilisation européenne. Prophétiquement Spengler en annonçait la fin tandis que Toynbee relativisait ce désastre en assurant que chaque civilisation (il en comptabilisait vingt-deux) était un être vivant, qui naît, s'épanouit et meurt[20].

Dans l'histoire traditionnelle, cet *européocentrisme s'applique,* si l'on peut dire, *aux peuples européens eux-mêmes.* D'une première façon puisque certains d'entre eux ne sont censés participer à l'histoire de l'Europe qu'occasionnellement : tel est le cas, par exemple, des Scandinaves. Dans l'histoire élaborée en France ou en Italie, Danois et Suédois apparaissent lors des invasions du IXe au XIIe siècle, puis ils disparaissent et réapparaissent seulement lors dc la guerre de Trente Ans, avec Gustave-Adolphe, comme si, eux non plus, entre ces deux épisodes espacés de cinq siècles, n'avaient pas d'histoire. Le cas des Russes est plus typique encore : les manuels scolaires d'Occident ne les font intervenir dans l'histoire qu'à partir du moment où leur Etat s'« européanise », c'est-à-dire sous Pierre le Grand. Quelquefois le règne d'Ivan IV est rappelé, parce qu'il « annonce » la puissance future des tsars. Mais jusque-là la Russie est « en retard », en ce sens qu'elle n'est pas organisée à l'image de l'Europe.

En second lieu cet européocentrisme s'applique aux Etats-nations de l'Europe elle-même, en ce sens que le fil du récit de l'histoire suit le destin des nations-Etats qui ont assuré leur hégémonie sur l'histoire – celle de l'Europe, celle du reste du monde : empires romain et byzantin, carolingien, villes-Etats marchandes du Moyen-Age, prépondérance espagnole, française, puis anglaise. Apparemment l'inventaire des valeurs qu'ils sont censés receler, et qui définissent la civilisation – unité nationale, centralisation, obéissance à la loi, industrialisation, instruction publique, démocratie – fournit une sorte de *code du droit d'entrer dans l'histoire;* ainsi à mesure que l'Europe étend son empire dans le monde, au XIXe siècle, et plus il importe de glorifier ses activités contemporaines, – et un peu moins son passé qui ne recelait pas ces valeurs. Suzanne Baudemont a calculé que plus l'Empire britannique s'étend, et plus se réduit dans l'histoire enseignée aux jeunes Anglais, la part du Moyen-Age; celle-ci atteint son minimum au tout début du XXe siècle, qui marque l'apogée du Commonwealth[21].

Mais ce n'est qu'une apparence. En vérité, le club fermé des nations-Etats qui, naguère, se réservait d'écrire l'histoire à son image glorifie, de fait, sa *virtù* plus que ses vertus. La preuve? Le statut de l'histoire de la Suisse dans l'histoire générale. Alors que ce pays est censé incarner, précisément, les vertus et qualités bourgeoises que revendique la démocratie, que le régime démocratique qui est en application ne se limite pas à une forme de parlementarisme qui délègue le pouvoir aux représentants des partis politiques et à eux seuls, qu'existe dans ce pays un véritable pluralisme culturel et linguistique, l'histoire générale n'en retient que le jugement de J.-J. Rousseau sur l'inaptitude des grands pays à appliquer la démocratie; elle en retient aussi les piquiers, Calvin de Genève et Dada, autrement dit les trois moments de son histoire où la Suisse a menacé l'Eglise, la formation des Etats-nations et la morale; bref, l'ordre européen[22] *.

En troisième lieu, on constate qu'édifiée sous le signe de la nation-Etat, l'histoire institutionnelle, en Occident au moins, ne prend en compte les différentes communautés ethniques ou politiques que jusqu'au moment où elles s'intègrent dans l'Etat qui les absorbe. En Allemagne, aujourd'hui, par exemple, dans un des livres d'histoire les plus diffusés sur le marché, Hanovre n'est plus mentionné et disparaît après 1866, date du rattachement à la Prusse et à la Confédération de l'Allemagne du Nord. Il n'est plus fait état non plus, à aucun titre, du Wurtemberg après 1870, lorsque est proclamé l'Empire allemand. Voilà qui est encore plus net dans des nations-Etats centralisées, telles la France et la Russie. Dans le cas de la France, que dit l'histoire de France du passé de la Savoie, par exemple : transformée en deux départements en 1861, cette principauté rattachée un temps au Piémont est

* Signalons qu'il est des ouvrages, toutefois, qui insistent sur le rôle joué par Zurich dans la révolution industrielle, également sur la part des Suisses dans le développement du mouvement coopératif.

dotée d'un riche passé, mais qu'en sait-on, à moins de lire des travaux d'histoire locale[23]. Cet exemple pourrait se multiplier.

HISTOIRE ET CONSCIENCE NATIONALE EN FRANCE : LE CAS DE L'ALSACE

Significatif est *le cas de l'Alsace :* il permet de saisir comment, au nom de la patrie, l'histoire officielle dessaisit une communauté de son identité : province « perdue et retrouvée », particulièrement choyée par la République, la représentation qui en est donnée est exemplaire. Car un des traits de cette histoire est précisément de chanter toute expansion, tout rattachement comme un hymne à la joie. Par contre une « perte » territoriale frappe d'opprobre les responsables. Ainsi en France, sous la IIIe République, l'image de Napoléon III est marquée par la perte de l'Alsace-Lorraine plus encore que par l'acquisition de Nice et de la Savoie. Il en va de même ailleurs. Toutes les nations-Etats chantent et se disputent leur Alsace-Lorraine : Fiume pour les Italiens et les Slovènes, les Malouines-Falkland pour la république Argentine et la Grande-Bretagne, le Chott-el-Arab pour les Arabes et les Persans, l'Oussouri pour les Russes et les Chinois.

Aucune histoire officielle n'oserait mettre en doute la légitimité de leur rattachement; *la société est solidaire* de la politique de ses institutions. Et dans ces cas-là les opposants marchent du même pas. Récemment le fait s'est vérifié en république Argentine où, lors de la crise des Malouines-Falkland, les démocrates soutenaient le pouvoir militaire; dans la guerre entre l'Iraq et l'Iran, seule une tendance anti-khoméniste, celle de Chapour-Bakhtiar, a pris parti contre la guerre, ce qui n'est pas populaire. Même attitude patriotique en France : lors de la guerre 1914-1918, lorsque sous la pression des révolutionnaires russes, les socialistes français ont admis l'idée qu'en Alsace un référendum pourrait être organisé, et qu'ainsi librement les populations décideraient de leur appartenance, cette proposition a tellement choqué que les socialistes ont à peine osé la formuler. Elle eût été accueillie comme un affront[24].

De fait, après 1871, dans certains milieux politiques, culturels, militaires également, et pour un grand nombre d'Alsaciens-Lorrains, le rattachement à l'Allemagne avait été un véritable traumatisme. Carbonell a montré que pendant plusieurs années, nombreux sont les historiens au service de la République qui n'ont pas voulu écrire une seule ligne sur la guerre de 1870, ses causes, ses suites : sur les 205 écrivains qui ont évoqué l'année terrible il ne comptabilise ainsi que 5 historiens. Ultérieurement, quand l'idée de la revanche émerge, instruction civique et enseignement de l'histoire se donnent la main, toutes tendances idéologiques confondues, pour pénétrer les enfants et les adolescents de ce drame et ancrer l'idée de retour des provinces « orphelines »[25]. On sait combien fut diffusé *le Tour de France par deux enfants,* de G. Bruno, livre de lecture courante; il raconte précisément l'histoire de deux orphelins de Phalsbourg, en Alsace, dont les parents sont morts des suites de la guerre de 1870. Ce livre qui date de 1883, se présente à la fois comme un livre de morale, d'instruction civique, d'histoire et de géographie. Les devoirs de l'enfant envers sa famille, envers les autres, envers lui-même, les éléments d'agriculture, d'horticulture, de géographie, parsèment l'itinéraire d'André et de Julien et leur font connaître « notre beau pays, la France ». Au passage de chaque province sont indiqués les grands hommes qu'elles ont *donnés* à la patrie. Ainsi, la Bourgogne, saint Bernard, Bossuet, Vauban, Monge, Buffon et Niepce; l'Auvergne, Vercingétorix, Michel de l'Hospital, Desaix. Une fois accompli leur parcours « initiatique » autour de la France, André et Julien arrivent à Paris, « image en raccourci de la France, dont l'image se confond avec celle de Paris ». De sorte qu'à travers cette histoire, ce qui n'est pas Paris n'a pas d'histoire en propre – pas même l'Alsace[26].

On le vérifie à lire Hansi, chantre du retour de l'Alsace à la « mère-patrie », que les institutions de la IIIe République honorent comme un historien officiel. Or, à lire *l'Histoire d'Alsace,* de Hansi, est-ce l'histoire de l'Alsace ou n'est-ce pas plutôt l'histoire de France truffée et nappée d'une sauce alsacienne que l'on y trouve. Inversement, l'histoire qui serait le propre de l'Alsace, d'elle seule, on en cherche la trace en vain. Par exemple, il n'est pas question de cette expérience que fut, au XIVe siècle, l'Union des villes, le *Déca-*

pole de 1354, l'une des réussites politiques les plus originales de l'Occident, où l'Alsace fut elle-même, rien qu'elle-même. Pas trace non plus de la « guerre de liberté » que Mulhouse livra à Strasbourg, un siècle plus tôt – voire du conflit avec les Suisses un siècle plus tard... On l'a compris : l'histoire, chez Hansi, n'a pas pour objet d'expliquer le passé mais de justifier le rattachement de l'Alsace à la France, le reste étant sans intérêt. Ce qui réjouit Hansi et le met en verve, c'est ce délire obsessionnel de ridiculiser l'Allemand, de pourfendre l'Allemand, de bafouer l'Allemand, de bouter l'Allemand. De chanter la France. Cette perspective le conduit également à observer l'Alsace suivant un seul axe. N'a de sens que ce qui vient de l'est, étant admis que c'est le Mal. Ainsi en va-t-il des invasions barbares et... germaniques. Comme la pire fut celle des Huns et que ceux-ci n'étaient pas des Allemands, Hansi certifie qu'ils étaient « aussi féroces que des pangermanistes ».

Avec Hansi, comme tous les écrivains patriotes, on ne coupe pas les cheveux en quatre. Ainsi, pour le XVIe siècle, parlant de la guerre des paysans, sa sympathie ne va pas aux seigneurs mais aux paysans; ces seigneurs, dit-il, sont en majorité d'origine germanique, ce qui le réconforte. Une difficulté surgit toutefois dans la démonstration : la révolution des paysans est née en Thuringe, en Souabe, c'est-à-dire plus à l'est; elle s'est propagée vers l'Alsace, bref, cette « saine révolte » est venue d'Allemagne. Hansi l'ignorera : il rattache « la guerre des paysans » aux malheurs hérités de la guerre de Cent Ans... achevée près d'un siècle auparavant, mais peu importe. S'en prenant ainsi à l'Anglais, il peut faire un nouveau clin d'œil à la France... On multiplierait ainsi l'inventaire de ces déplacements. Cela le conduit, s'il le faut, à vider l'histoire d'Alsace d'une partie de sa saveur, de son identité. Il tait, par exemple, la floraison des *Minnesänger*, poèmes courtois du début du XIIIe siècle, parce qu'ils sont dit en langue allemande. Il ne dit même pas que l'Alsace fait partie du *Pfaffengasse*, cette « rue des Curés », le Rhin, dont l'évêque de Strasbourg fut l'un des princes, parce que cela rappellerait l'insertion de l'Alsace dans l'espace allemand et que cela pourrait aliéner à sa cause les milieux cléricaux. De sorte que Hansi, racontant l'Alsace, chante Tristan et Isolde, de Béroul, le trouvère normand, mais ignore superbement la légende des *Nibelungen*[27].

La « conscience nationale » est née de cette néantisation du passé spécifique des différentes communautés. L'école, le chemin de fer, la centralisation, tout comme la révolution économique et sociale du XIXe siècle ont ainsi ruiné la mémoire sociale de communautés entières; simultanément elles ont vu leur langue dévalorisée, leur identité dissoute. Eugène Weber montre que, pour la France, l' « unité nationale » s'est constituée à ce prix dans la conscience collective, entre 1850 et 1914; guère avant[28].

On le savait déjà : ce modèle s'est appliqué aux dépendances extérieures, aux empires, « Nos ancêtres les Gaulois », apprenait-on aux jeunes Africains, a-t-on dit. En vérité cela ne leur était pas enseigné explicitement, mais l'esprit y était; et ils étaient amenés à croire, au Sénégal par exemple, que Charlemagne y avait fondé leurs écoles. Or, l'essentiel n'était pas là : comme Franz Fanon l'a dénoncé avec force, ces peuples n'étaient censés entrer dans l'histoire que du jour où ils étaient pris en charge par l'Europe, où ils étaient colonisés. Jusque-là ils avaient peut-être un passé, mais pas d'histoire; et, par exemple, l'histoire institutionnelle évoquait avec commisération les « siècles obscurs » du Maghreb; elle avait bonne conscience puisque dans les pays dont le devenir avait mal tourné, les historiens avaient disparu. « A part quelques rares chroniqueurs, le Maghreb ne connaissait depuis le Moyen-Age que des commentateurs du Coran et des auteurs de vies de saints », observe Lucette Valensi; Ibn Khaldoun n'avait pas eu de successeur. Pas d'historiens, pas d'histoire[29].

En revanche, l'Inde d'avant l'Europe avait connu plusieurs types de discours historiques : écrits de moines bouddhistes, chroniques du Cachemire, récits consignés à Ceylan, histoire officielle écrite à l'époque des Mogols. Ultérieurement, les Portugais, les Danois, les Anglais surtout ont repris ces fragments pour reconstruire une histoire de l'Inde à l'européenne[30].

Variante de cette histoire-là, celle qui, à l'est, se veut universelle, elle aussi, marchant dans le sens du progrès – celle des marxistes. A défaut d'ères – le Moyen-Age, l'époque « moderne » –, elle manipule les modes de production : esclavagiste, féodal, capitaliste, communiste; elle bricole le moteur de la lutte des classes, animée, selon les marxistes à la soviétique par la classe ouvrière, et par la paysannerie selon les marxistes à la chinoise. Toutefois, tant qu'une seule vision de l'histoire s'imposait, celle de Moscou, l'européocentrisme était présent ici aussi. Ainsi, à la manière de l'histoire « bourgeoise », de type occidental, l'histoire en U.R.S.S. tend à privilégier l'époque contemporaine, et la période après 1917 en particulier. Toutefois, dans l'énoncé du passé des actuelles Républiques soviétiques, autant que la révolution d'Octobre, l' « union » avec la Russie demeure le début d'une ère nouvelle, « de la marche radieuse de ces peuples vers le bonheur » pour ces peuples « qui étaient en retard ». Dans une histoire de la Géorgie, écrite en U.R.S.S. durant les années 1960, et rééditée depuis, qui comporte 350 pages, l'union avec la Russie, qui date de 1783, se produit dès la page 160 pour un peuple dont l'histoire « commence » au VIe siècle avant J.-C. Quant à l'Arménie, dans un ouvrage contemporain du précédent, elle s'unit à la Sainte Russie dès la page 118; et ce livre en contient 340. Deux grands faits du passé de l'Arménie y sont d'ailleurs passés sous silence; que l'Arménie fut la première nation chrétienne de l'histoire, avant l'Empire romain; que le 28 mai 1918, fête nationale, elle retrouva son indépendance qu'elle avait totalement perdue depuis 1375. En vérité, menacée par l'invasion turque, sa population fut sauvée par l'intervention soviétique. Elle survécut au prix de la dépendance[31].

On observe enfin un parallèle étrange entre l'histoire républicaine en France et l'histoire en U.R.S.S. De la même façon que l'histoire républicaine en France ignore que la Corse constitua, à l'époque de Paoli, la première république des Lumières, avant la révolution française de 1789, de la même façon l'histoire en U.R.S.S. ignore qu'en 1917, le mouvement prolétarien le plus radical n'était pas russe mais letton, qu'entre février et septembre 1917 la bolchévisation de la Lettonie a largement précédé celle de la Russie, sans s'être intégrée pour autant à une stratégie d'unité de mouvement conçue par le centre, c'est-à-dire par Lénine. C'est l'occupation de Riga par les Allemands qui y a mis fin [32].

Ainsi, *à Paris, comme à Moscou, pour l'histoire institutionnelle, Rome doit rester Rome.*

Autres similitudes. Vis-à-vis des territoires annexés, les Soviétiques tiennent des propos semblables à ceux des « colonialistes » : ainsi l' « annexion de l'Asie centrale a contribué à un rapide développement de la culture des peuples ouzbek, tadjik et turkmène. Le *point mort* auquel ces cultures se trouvaient depuis des siècles a été remplacé par un élan d'activité, grâce à l'accès de ces peuples à la culture russe et à la culture européenne ».

Vis-à-vis du monde extra-européen enfin, les ouvrages soviétiques comportent souvent des jugements similaires à ceux qui sont écrits par des non-marxistes; « En 1860 encore, le Japon, pour son organisation sociale est en *plein* Moyen-Age [...] Il lui faut rattraper plusieurs siècles de *retard;* la révolution de 1905 a pour effet " le réveil de l'Asie "[33]. »

On observe toutefois de notables différences dans les modalités du fonctionnement de l'ethnocentrisme à l'Ouest et à l'Est.

D'une part, les peuples non européens ne sont ni relégués, ni oubliés, ni privés d'histoire, comme à l'Ouest – dans la tradition officielle, s'entend. Effet de la politique des nationalités pratiquée depuis les années 1920, chaque république diffuse sa propre histoire, qui se greffe ensuite sur celle de la Russie ou de l'U.R.S.S., selon le cas; un peu comme si, en France, il s'écrivait, indépendamment de l'histoire vue du centre, *des* histoires à foyers multiples. Comme si, à Perpignan par exemple, se diffusaient, simultanément, une histoire de France traditionnelle, où le rattachement du Roussillon serait mentionné en 1659, *et,* par ailleurs, une histoire dont la première partie tracerait le passé du Roussillon – dans son rapport avec l'Aragon, la Catalogne, les comtes de Toulouse. La seconde s'attacherait à l'intégration du Roussillon et son histoire au sein de la monarchie et de la République. Sans doute, en U.R.S.S., cette restitution est biaisée puisque, dans leur mouvement général, les peuples de chaque République franchissent les mêmes étapes d'un développement historique unique, et que c'est Moscou qui en définit le *temps;* il n'en reste pas moins qu'en apparence, au moins, le centralisme est moindre. Cela ne préjuge pas d'une mise en cause de ce dispositif, et de l'existence d'une contre-histoire, notamment en Ukraine.

D'autre part, une certaine réciprocité dans les échanges culturels est mise au crédit des peuples non russes. Alors que ni les Français ni les Anglais n'évoquent la *dette* de l'Occident vis-à-vis du reste du monde, les Soviétiques le font : « La culture de ces peuples (tadjik, ouzbek, etc.) s'est développée sous l'influence bénéfique de la culture russe plus avancée qui, *à son tour,* s'appropriait les meilleurs éléments de la culture des autres peuples de l'Empire[34]. »

S'imaginer que l'ethnocentrisme constitue une particularité de l'histoire sécrétée par l'Europe – voire par le monde occidental, par lui seul – serait une manifestation supplémentaire d'européocentrisme. Car *l'ethnocentrisme existe hors d'Europe* et souvent associé à toute vision globale de l'histoire; si tant est qu'une institution, celle qui l'exprime, prétend incarner un peuple ou une culture. En pays d'Islam, par exempe, A. Miquel a montré qu'il a existé un ethnocentrisme que la géographie exprimait plus nettement que l'histoire. A l'époque précoloniale, la science arabe considérait l'Iraq comme le « nombril du monde », l'organisation des climats étant conçue de telle sorte que le quatrième climat, celui de l'Iraq, se trouve au centre, trois plus au nord, et trois plus au sud. Définissant ensuite les peuples non arabes par leurs traits négatifs, le géographe Ibn el Farih déniait aux Turcs la fidélité, aux Byzantins la générosité, aux Khazars la pudeur, aux Noirs le sérieux, aux Slaves le courage, aux Indiens la chasteté. Il décrivait ainsi en négatif l'envers des vertus dont les Arabes se créditaient. Son exemple mettait en cause des musulmans et des non-musulmans, aucun n'était arabe. Mais au sein même du monde islamique, la tradition raciste anti-noire des Arabes est totalement originale; Bernard Lewis en a fait une analyse systématique[35].

Aujourd'hui, à l'intérieur même du monde islamo-arabe, où se concurrencent l'identité territoriale et l'identité islamique, le concept de *watan,* la patrie, l'emporte désormais, sauf chez les chiites, sur l'idéal de la fidélité à une dynastie quels que soient ses liens avec le Prophète. Les ouvrages scolaires qui expriment la Vulgate officielle en témoignent. En Egypte par exemple, il est rappelé que c'est l'Egypte – et pas Bagdad, ni Damas – qui a sauvé l'Islam de la destruction face aux Mongols puis face aux Croisés; que c'est encore l'Egypte qui a incarné le réveil « arabe », face aux Turcs, à l'époque de Méhémet-Ali. Un certain « pharaonisme » règne dans l'historiographie : « Il ne fait aucun doute que les facteurs qui ont aidé nos ancêtres de l'ancienne Egypte à devancer les nations du monde sont toujours aussi présents. » La vision des autres Arabes en subit le contrecoup : elle ne flatte pas les Arabes d'Arabie : « Ils adoraient la lune, les arbres; certains étaient juifs, d'autres, chrétiens. Il n'y avait pas un seul Etat, les guerres étaient fréquentes, et la vendetta [...]; ils avaient de mauvaises habitudes : goût de la boisson, du jeu, enterrement des filles vivantes. A cause de tout cela, Dieu leur a envoyé le Prophète[36]. »

On retrouverait, hors d'Europe, d'autres traits qui caractérisent l'histoire institutionnelle et auxquels la société adhère. En Inde, comme chez les Arabes ou en Europe, toute conquête est une « libération ». Il est clair pourtant que le Cambodge, Java, Sumatra furent conquis à l'indianisme par la force : or, l'histoire officielle présente toujours l'indianisation comme l'adoption spontanée par le peuple du mode de vie indien.

LES SILENCES DE L'HISTOIRE : UNE TYPOLOGIE

Il en va de même des *silences de l'histoire officielle.* Liés, tantôt aux exigences de la raison d'Etat, de sa légitimité, tantôt à l'identité d'une société et à l'image qu'elle veut se donner d'elle-même, ces silences jettent un voile pudique sur quelques secrets de famille : chaque institution a les siens, chaque ethnie, chaque nation.

Les silences de premier type, liés au principe de

légitimité, se rencontrent, comme on l'a vu, quelle que soit l'instance productrice d'histoire. On en a énoncé quelques-uns. Naturellement le silence est particulièrement opaque autour des *origines de la légitimité,* qu'il s'agisse d'une Eglise, d'une dynastie, d'un parti.

En ce qui concerne l'Eglise, plus exactement la papauté, le plus durable fut celui qui prit fin lorsque Laurent Valla et Nicolas de Cues, tous deux dignitaires du Saint-Siège révélèrent, au début du XVe siècle, que les deux principaux documents sur lesquels la suprématie de la papauté s'appuyait et fondait la légitimité de son pouvoir, la Donation de Constantin et les Décrétales d'Isidore Mercator, étaient des faux.

Pour assurer leur légitimité, les dynasties grandissent leur origine, en connaissance de cause ou pas, tels les rois de France qui n'admettaient pas que l'histoire pût démontrer qu'ils n'étaient pas les descendants des héros de la guerre de Troie. De ce point de vue, le cas limite se présente au Japon où, tout entière, l'histoire de ce pays devait s'adapter à un dogme fondateur : que le statut de l'empereur et de ses sujets a été fixé pour toujours, et qu'à la différence de la Chine, le passé du Japon n'a connu ni abdication forcée, ni substitution d'empereur depuis l'installation de Jimmu, lors de la création du Japon par les dieux. Presque toute l'histoire est ainsi fondée sur des silences et des contre-vérités, puisque deux cours ont coexisté à la fin du XIVe siècle, que la dynastie de Fujiwara a remplacé ses prédécesseurs par la violence et que les tentatives d'usurpation forment la trame d'une bonne partie de l'histoire du pays. Lorsque, ces dernières décennies, des historiens l'ont montré, leur situation est devenue précaire. Quant aux archéologues marxistes qui ont trouvé de multiples traces de la vie au Japon d'avant 660 – date mythique de la création du pays par la déesse Amaterasu –, leur découverte a été mise en cause par les milieux nationalistes et patriotes[37].

Sur certains aspects des origines de la prise du pouvoir par le parti, sur sa légitimité à gouverner, il règne dans l'histoire écrite en U.R.S.S. un silence opaque bien que des dizaines de milliers d'ouvrages et articles aient été écrits sur les Journées d'Octobre. Certes, considérée globalement, l'insurrection d'Octobre a bien été un mouvement de masse, qui fut le fait des organisations révolutionnaires et autres soviets, majoritaires dans les grandes villes; à leur tête se trouvait le parti bolchevik qui mit fin ainsi à une situation où un gouvernement sans Etat (Kerenski) livrait une épreuve de force à un Etat sans gouvernement (les comités et soviets.) Il est acquis également que ce fut grâce à l'action personnelle de Lénine que le parti se rallia au principe de cette insurrection, dont apparemment il n'avait pas besoin jusqu'à la réunion du Deuxième Congrès des soviets, il serait majoritaire; mais ce mouvement permettait de prévenir une action pour empêcher sa réunion.

Ce que l'histoire officielle cache, c'est le petit coup d'Etat commis par Lénine qui écrivit de sa main, sans consulter personne, la proclamation qui annonçait le renversement du gouvernement provisoire par le Comité révolutionnaire provisoire, une institution postiche que le parti contrôlait et qui était l'antenne militaire du soviet de Petrograd. Cette institution n'était aucunement légitimée à agir ainsi et à se substituer au soviet de Petrograd, moins encore au Congrès des soviets.

A l'origine, ce comité, en effet, avait une mission purement militaire : protéger Petrograd contre une éventuelle ouverture du front et garantir la sécurité du Congrès où les soviets prendraient le pouvoir – il n'avait pas pour mission de prendre le pouvoir lui-même. Au reste, dans une première version, manuscrite, de la proclamation, Lénine avait écrit : « Le comité convoque ce jour, pour 12 h., le soviet de Petrograd. Des mesures immédiates sont prises pour la constitution d'un pouvoir soviétique. » Et puis Lénine a raturé cette phrase. Cet acte manqué est significatif : bien que l'insurrection ait lieu, que l'opération contre le Palais d'Hiver lui donne un caractère offensif, comme le souhaitait Lénine, et que, par conséquent, le soir, la conquête du pouvoir puisse être présentée au Congrès des soviets comme un fait accompli, Lénine a pris cette précaution complémentaire. Il se méfie du légalisme révolutionnaire du soviet de Petrograd, c'est-à-dire de Trotski, de l'esprit démocrate de ses amis bolcheviks du comité central, de Kamenev surtout : les uns et les autres pourraient ne pas prendre le pouvoir *seuls,* et en négocier la définition avec d'autres partis socialistes, avec d'autres institutions, les syndicats par exemple. Pour les prévenir, Lénine se passe de l'intercession du soviet de Petrograd dont le comité révolutionnaire dépendait, il rature sa phrase et il substitue la formule qui attribue le pouvoir au comité révolutionnaire provisoire. Le nouveau pouvoir émane ainsi d'une instance créée au cours du processus insurrectionnel et qui s'est affirmée elle-même nouveau pouvoir, et s'est imposée sans dépendre d'aucune institution, fût-ce le Deuxième Congrès des soviets. Acte d'autorité aux conséquences incalculables, qui accusa la rupture entre les bolcheviks et les autres organisations révolutionnaires, mais également qui assura à Lénine une prééminence sur les autres dirigeants du parti, souvent scandalisés mais qui s'accommodaient de cette action qui assurait leur ascendant sur la masse des délégués des soviets. Tous ces bolcheviks croyaient que le pouvoir passerait du soviet de Petrograd au Congrès des soviets alors que celui-ci se contenta d'endosser le fait accompli. Au reste, par un autre coup d'Etat, encore plus minuscule, Lénine signa un ordre de mission de ce Comité provisoire comme président, et seul signataire, alors qu'usuellement les ordres de mission étaient signés des deux noms et que ce Comité n'avait jamais élu ni Lénine ni qui que ce fût comme président.

Attentive à décrire les moindres faits et gestes de Lénine, l'historiographie soviétique a publié les textes qui permettent cette analyse mais elle ne les a jamais commentés ni analysés... On peut imaginer les raisons de ce silence[38].

Ces silences sur les origines, comme tous les silences liés à la légitimité, sont garantis par la force des institutions, d'elles seules.

Nous appellerons les *silences de deuxième type, ceux qui, dans une certaine complicité, sont partagés avec la société,* qui, de gré ou de force, les intériorise. Ils portent d'abord sur tous ces martyrs collectifs que les guerres, croisades et autres djihads font subir aux vaincus, sur la répression qu'exercent les régimes à foi unique, ou à race élue, quels que soient leur lieu d'origine ou leur date de naissance. Etablir un inventaire des silences de l'histoire dominante sur les excès de cette nature-là nécessiterait un travail particulier où seraient confrontées différentes mémoires : les Allemands savent bien ce que les Français ont commis comme excès pendant la guerre de Trente Ans, sous Louis XIV en Palatinat, à l'époque napoléonienne, mais quel semi-silence là-dessus dans les ouvrages écrits en France; et, inversement, quel silence relatif, en Allemagne, sur le comportement des Occupants de 1870-71 1914-18 et pendant la Seconde Guerre mondiale, et quel silence absolu de l'historiographie allemande de l'*immédiat* après-guerre sur le massacre des Juifs, des Tziganes, des Polonais, comme on verra, en Allemagne, ce sont les romanciers et les cinéastes qui ont rompu le silence à la fin des années 1960. En Turquie, personne ne l'a rompu sur les massacres d'Arméniens. On multiplierait les exemples...

Un des faits nouveaux, aujourd'hui, est sans doute que, par une survivance dévoyée d'europécentrisme, une de ses séquelles anémiques en quelque sorte, l'histoire écrite en Occident est portée à créditer les Européens, et eux seuls, des violences et massacres collectifs commis dans le passé. Ce retournement spectaculaire date d'une vingtaine d'années environ; il coïncide avec la révolte victorieuse des peuples ex-colonisés; il témoigne à sa manière, s'il en était besoin, des capacités d'adaptation de l'armée des historiens. Tout récemment encore, un beau numéro de la revue *l'Histoire* illustrait bien ce revirement : peu de fausses notes dans le procès de la colonisation, haute expression de la mauvaise conscience du monde occidental[39].

Pourtant, au temps des colonies, qui, à part C. A. Julien, quelques autres, avaient eu ce courage-là? L'histoire dominante tenait alors un autre discours : sur la difficulté et la souffrance d'être un conquérant. La société partageait cette façon de voir, elle assurait sa fête à quiconque la chantait : une première vague, d'abord celle des romanciers, de Tolstoï à Pierre Loti, de Kipling à Annie Steel, ensuite une deuxième vague, les cinéastes, qui firent le succès de *la Bandera* et de *Gunga-Din,* du *Cheikh blanc* et des *Trois Lanciers du Bengale.* Certes, dans ces œuvres, on se débarrassait de quelques « salopards », mais il n'était pas question de massacres collectifs, même pour la bonne cause. Au fond, comme Lénine l'avait bien saisi dans ses instructions à Pokrovski *, s'il n'y avait pas eu de Français (tel Jules Verne) pour dire les méfaits des Anglais – et réciproquement –, le crime aurait été presque parfait. Il en fut ainsi en Australie, aux Caraïbes; pour l'Amérique indienne, Robert Jaulin a fait récemment le bilan de cet ethnocide.

Or, on constate aujourd'hui un déplacement. En pays d'Islam par exemple, prompts à établir l'inventaire de tous les méfaits et crimes de l'impérialisme et du colonialisme, les historiens de ces pays omettent d'évoquer la traite négrière organisée par les Arabes pendant plus de huit siècles. De sorte que dans les ouvrages écrits en pays d'Islam, pas un mot ne figure sur la grande révolte des esclaves noirs, vers 950 en Iraq. Au reste, en Afrique noire aujourd'hui, la main des historiens tremble encore dès qu'ils parlent d'islamisation, du rôle des Arabes. Depuis le Sénégal jusqu'au Soudan, les soucis du présent expliquent, certes, ces craintes, cette prudence. Il y est ainsi à peine question de cette traite-là qui a pourtant dépeuplé l'Afrique et transformé en eunuques et ainsi privé de descendance, des milliers de captifs arrachés au Soudan, au Ghana, et transportés au Caire, à Bagdad, à Ispahan. Selon B. Lewis, c'est ce qui explique, avec la forte mortalité qui a accompagné cette traite, la disparition quasi totale des ghettos noirs en pays arabe, ou persan. De sorte que ce martyrologe n'a pas laissé de témoins, alors qu'en Amérique

* Voir Document 2, p. 245.

où ils ont subi les sévices que l'on sait, ces Noirs ont survécu et chantent encore le souvenir de leur désespoir[40].

Le cas de l'histoire noire en Afrique introduit à un *troisième type* de silences. Certes, celui-ci est politique, mais il recèle également un refus, celui de se souvenir d'un passé aux humiliations multiples. Claude Perrot avait observé que dans la liste des rois en Indiené, au moins quatre on été rejetés dans l'ombre : soit héros malheureux dans la lutte contre les conquérants européens, soit victimes du sort ou de quelque malheur, « un véritable roi ne peut être battu, ni emmené captif[41] ». Le refus des Arabes de se rappeler la conquête turque procède en partie de cette volonté d'oubli; elle constitue l'envers de la mémoire persane qui, elle, n'a jamais oublié la conquête arabe. A ne pas avoir apprécié ces phénomènes, Anthony Eden et Foster Dulles, il y a trente ans, ont commis une erreur « fatale », à vouloir associer ces trois nations dans le Pacte de Bagdad, contre une « expansion soviétique », qui, à l'époque ne signifiait pas grand-chose pour trois peuples, Turcs, Arabes, Persans qui se haïssent entre eux. Autre oubli de la mémoire de ces régions, le cas de l'Arménie. Autant le souvenir des massacres et du passé chrétien de la nation nourrit une histoire arménienne qui se veut tout entière un martyrologe; autant, dans l'émigration, les historiens d'origine arménienne omettent de consacrer la place qu'elle mérite à la prodigieuse aventure des marchands arméniens : la douillette prospérité de ces communautés de la diaspora alimente une mauvaise conscience qui se traduit à la fois par un silence opaque sur cette bonne fortune, et par un attachement passionné aux autres souvenirs de l'histoire qui autorisent une plus réelle identification aux heurs et malheurs de la patrie.

L'inventaire pourrait se poursuivre avec l'exemple de la Russie, cette fois, et que reprend l'historiographie soviétique : comme l'a observé W. Berelowitch, pour mieux souligner l'image de l'homme russe, épris d'espace et de liberté, l'histoire traditionnelle omet d'évoquer l'existence, en Russie jusqu'au XVIIIe siècle, de *Kholopy* qui étaient à la fois de vrais Russes et d'authentiques esclaves.

Ce silence de la gêne et de la honte, présent, si l'on peut dire dans toute histoire institutionnelle, des Etats-Unis à l'Inde et à la vieille Europe, qui l'ignore en France où, pas plus que l'Etat, la société n'aime aller à confesse? Elle se plaît à chanter ses succès plutôt que ses erreurs ou ses échecs : il y a là tout un parcours de l'oubli... Dans le cas de la *société allemande*, par exemple, Béatrice Villate montre comment, après 1945, le roman et le cinéma l'ont exprimé : par le refus d'évoquer la passion malheureuse envers le Führer d'abord, suivi d'un déplacement, la dénonciation des horreurs commises en Allemagne même par le Russe vainqueur; enfin la banalisation de tous les crimes de l'humanité : ceux commis par les Américains – contre les Indiens – valent bien ceux qui furent l'œuvre des nazis, des Allemands[42]... Autre exemple, au sein d'un groupe cerné avec soin et examiné par M. Bozon et A.-M. Thiesse : le souvenir qu'en *Vexin français* une population rurale garde de son passé alors que, depuis un demi-siècle, elle assiste impuissante à la mécanisation des cultures et au regroupement des terres, dépossédant le plus grand nombre de leur bien et de leur emploi : « Nous nous sommes heurtés à un mur de silence lorsque nous posions des questions concernant l'année 1936. Rien ne s'était jamais passé dans la région, au dire des enquêtés. Et pourtant les grèves avaient été importantes dans les grandes exploitations, au point d'amener l'intervention de la troupe [...]; le statut des travailleurs fut amélioré par une nouvelle législation. Mais cette réglementation sociale du travail agricole incita, semble-t-il, les gros cultivateurs à accélérer le processus de mécanisation et à licencier ainsi le personnel. Victoire à la Pyrrhus des travailleurs, qui explique sans doute que toutes nos interrogations se soient vu opposer d'énergiques dénégations, ou des récits de grèves, mais antérieures à la Première Guerre mondiale[43]. »

CHAPITRE II

La contre-histoire et les foyers épars de la conscience historique

LE SILENCE, PREMIÈRE FORME DE LA CONTRE-HISTOIRE

Le plus long des silences, n'est-ce pas celui de l'histoire juive qui, faute de foyer précisément – ni Etat, ni territoire, ni dynastie en exil, ni institution – fut d'une pauvreté égale à son martyre; elle se réduisit pendant de longs siècles à des chronologies de rabbins, ce qui était une manière de les légitimer face aux Samaritains, aux Karaites. Ses théologiens, tel Maïmonidès, pouvaient même exprimer leur méfiance envers l'histoire estimant que celle-ci, longtemps écrite par les Arabes, « n'apportait en rien la sagesse; par conséquent elle était perte de temps ». Au XXe siècle encore, beaucoup de Juifs en Israël par exemple répugnent à étudier une histoire qui est humiliation et souffrance; *Żakhor* témoigne de ce refus[1].

Le besoin d'avoir une histoire apparut au XVIe siècle, après l'expulsion d'Espagne, mais il ne devint impératif qu'au XIXe siècle avec l'apparition puis l'expansion du mouvement sioniste qui joua le rôle d'institution mère. Il lui fallait des historiens qui retracent le passé d'un peuple qui, à cette date, voulait se définir autrement que par sa foi seulement, ou sa mémoire – par son histoire. Or, le peuple juif avait été interdit d'histoire à la fois par lui-même – et récemment, en cherchant à s'assimiler aux Français, aux Allemands –, et par les autres qui l'avaient exclu comme objet d'histoire[2], au moins depuis sa diaspora. Trigano a analysé cette double exclusion, un phénomène particulièrement visible en Pologne, ce pays où la civilisation du Shetl a marqué la culture plus que toute autre, et où malgré cette symbiose et ce rayonnement, le mot « juif » n'apparaît pas dans l'historiographie polonaise, celle d'avant, comme celle d'après 1945. Il ne figure même pas pour évoquer, comme en France, les mesures prises contre les Juifs sous Philippe le Bel, ou en leur faveur, à l'époque de la Révolution française. Les Juifs n'apparaissent pas; pas même lors du grand soulèvement cosaque, en 1648, où ce sont pourtant les Juifs, intendants des grands propriétaires polonais, qui furent les principales victimes. L'histoire polonaise ignore ainsi l'antisémitisme. L'historiographie russe, en revanche, l'analyse, au moins au travers des discussions qui eurent lieu dans les organisations socialistes, où Juifs et non-Juifs se trouvaient confrontés à un dilemme : fallait-il, ou non, condamner les pogroms alors qu'ils constituaient un authentique mouvement populaire, même s'il était manipulé[3].

Le terme « juif » n'apparaît guère non plus dans l'historiographie allemande, qui ne reconnaît en rien la tradition juive. Gershom Scholem l'a bien montré : « A l'ivresse sans bornes de l'enthousiasme des Juifs (pour l'assimilation) ne correspondait jamais un accent qui eût un rapport quelconque avec une réponse créatrice adressée aux Juifs, c'est-à-dire une réponse qui leur avait été adressée en fonction de ce qu'ils avaient à donner en tant que Juifs et non pas de ce qu'ils avaient à abandonner en tant que tels. » De sorte que, commente F. Furet, le génocide nazi n'a pas été une sorte d'accident qui interrompait un échange entre Allemands et Juifs d'Allemagne : il en a signé, tragiquement, l'absence[4]. »

De cette absence, l'enquête effectuée par F. Raphaël témoigne de façon exemplaire; elle porte sur les *Juifs alsaciens,* aujourd'hui; son enquête montre comment un groupe social effectue un travail de deuil, – quand l'autre ne le reconnaît pas.

En novembre 1976, Freddy Raphaël effectue avec quelques étudiants de l'Université de Strasbourg, une enquête dans une petite commune du vignoble alsacien. L'objet? dégager la représentation du Juif qui prévaut dans un village qui, jusqu'en 1940, comptait un quart de sa population appartenant à la communauté israélite. Le stéréotype du Juif usurier s'était perpétué; car, en 1940, un certain nombre de familles appauvries s'étaient endettées auprès des Juifs; or, ceux-ci avaient été les seuls, malgré l'existence de banques et de mutuelles, à avoir consenti des prêts à des insolvables. En conséquence, ces Juifs créanciers étaient pauvres eux-mêmes, vivant de colportage, du travail du cuir, etc. On leur reprochait surtout de ne pas cultiver la terre, de se faire insistants pour vendre leur pacotille. Bien qu'ils aient eu de petites activités dans la commune, sapeurs-pompiers, notamment, et même un conseiller municipal, ils étaient considérés comme des étrangers alors qu'ils vivaient dans ce village depuis des temps immémoriaux, constituant à la veille de la Révolution française, plus du tiers de la population. « Stentgiger Jud », « Juif puant » demeurait ainsi leur dénomination, en 1976, trente-six ans après leur disparition totale (seules deux familles vivaient encore dans ce village).

Or, ces Juifs, subissant le sort commun et l'invasion, avaient été déplacés durant l'année 1940, juste avant la défaite, et s'étaient retrouvés, les uns à Clermont-Ferrand, d'autres à Marseille. Beaucoup échappèrent ainsi au sort tragique des Juifs français de la zone occupée et survécurent. Mais ils ne revinrent pas tous en Alsace après la guerre. Lorsque les enquêteurs de Freddy Raphaël les eurent retrouvés, ils les interrogèrent sur les rapports entre catholiques et juifs, dans le passé et dans le présent. Or, tous firent un récit idyllique des relations qui existaient alors entre eux, et le reste de la population. Le « sale Juif » dont on les gratifiait *(Bech a träk Jud)* « ne prêtait pas à conséquences ». Ils étaient invités aux communions et aux mariages; des catholiques avaient caché quelques-uns d'entre eux qui étaient demeurés au village, sous l'occupation nazie. Ils refusèrent de croire ce qu'avait révélé l'enquête et dirent que ces informations ne pouvaient provenir que d'antisémites. Puis ils finirent par se rappeler qu'effectivement on avait bien brûlé une fois leur synagogue, qu'en 1944 « les autres habitants du village n'étaient pas enchantés de nous revoir ».

Ainsi, le récit qu'avaient reconstruit les Juifs alsaciens était un récit imaginaire. Mais, interroge justement Raphaël, n'était-il pas plutôt une forme d'exorcisme? Marqués par le cauchemar du génocide, n'essayaient-ils pas de se convaincre ainsi que cela ne serait plus jamais possible, ne voulaient-ils pas conjurer un danger potentiel[5]?

Le témoignage de ces Juifs rejoignait le silence de ceux qui, après la guerre, n'ayant plus jamais retrouvé leurs parents qui leur avaient été arrachés pour être déportés, n'avaient pas pu accepter ce deuil alors qu'aucune cérémonie, aucun ensevelissement n'avait donné le signal que l'irrémédiable était accompli. Ils s'étaient ainsi refermés sur un silence. Secret de leur histoire personnelle que nul ne pouvait partager. Ce deuil collectif des enfants de déportés qui, quarante ans après ont parlé, pour dire seulement, de leur mère disparue : « Je n'ai pas pu lui dire au revoir...[6] »

Ce balbutiement, ce silence, ne constituent-ils pas la *première forme de la contre-histoire?* Celle des peuples à qui n'est même pas reconnue l'existence. Leur nombre est multiple, dans les cinq continents, comme en témoigne la mémoire mythique des aborigènes d'Australie telle que l'a consignée Wandjuk Marika, de maints peuples de l'Afrique et de l'Inde, de l'Europe aussi bien. On retrouve ainsi, simultanément, non-reconnaissance et absence de dialogue dans le comportement qu'eurent, hier, les Européens triomphants vis-à-vis des peuples colonisés, – et aussi bien les vaincus de l'histoire, soumis par d'autres que les Européens[7].

Ces traits expliquent bien la nécessité, pour les Juifs comme pour d'autres peuples, de se construire soit une histoire, soit une contre-histoire quand les conditions ne leur sont pas propices : c'est dire qu'entre ces deux modes d'histoire institutionnelle *la frontière peut se déplacer*.

En témoigne le cas de l'Arménie, où le destin de l'histoire, comme discours, disparut avec l'indépendance de la nation. Aux temps de la liberté, ceux qui écrivaient cette histoire constituaient une école très vivante, à l'époque de Moïse de Khorène, au Ve siècle après J.-C.; or, ils ont disparu ensuite pendant près de treize siècles avec la conquête de leur pays, pour ne réapparaître qu'au XVIIIe siècle, avec la renaissance du mouvement national. Cet exemple montre clairement que l'histoire institutionnelle peut disparaître puis ressusciter sous forme d'une histoire interdite, contre-institutionnelle; car, à partir du XVIIIe siècle, ces historiens arméniens ne sont plus des historiens en place mais des proscrits. Ils expriment une des premières contre-histoires de l'histoire.

Ce sont ainsi les vaincus, dont l'histoire a été

ensevelie, qui animent ce deuxième mode, ce *deuxième foyer.* Le type d'histoire qu'il sécrète apparaît ou réapparaît chaque fois qu'un groupe social, ou ethnique, voire l'institution qui l'incarne, se sent dominé, exploité, interdit d'histoire. Alors il ressuscite ses travaux et ses jours, et cette histoire est un projet politique, une action. A son départ, elle est donc ainsi contrôlée, comme l'histoire des vainqueurs, par les porteurs de ce projet, et peut donc également être manipulée. Quand elle est histoire parallèle, elle met en cause l'histoire institutionnelle tout en s'appuyant sur une institution rivale. En Pologne par exemple, le projet mûrissait hier, à *Solidarnosc,* de réécrire une histoire de la Pologne qui « rétablirait la vérité » sur le passé de ce pays; tout comme il y a cent ans les socialistes commençaient à écrire une contre-histoire, dont la lutte des classes était le fil rouge, face à une histoire officielle qui, en France par exemple, ignorait les canuts de Lyon, les bras-nus, Blanqui et la Commune de Paris.

C'est dire que, pour dénoncer les perversions et enfreindre les silences ou interdits de l'histoire officielle, *seule une institution peut disposer de la force et de la durée qui lui permettent de tenir un discours parallèle,* de se faire entendre. Autrement, la terreur est là, qui règne et fait disparaître les voix non conformes, qu'elles émanent d'historiens, de témoins, de journalistes. Quels écrits critiques l'Allemagne hitlérienne ou la Russie stalinienne ont-elles tolérés, à moins que leurs auteurs n'aient été assassinés? Aujourd'hui où cette terreur institutionnelle est devenue une gangrène, quel historien palestinien, arabe, par exemple, pourrait légitimer historiquement l'existence d'Israël et, suivant Jacques Madaule, juger que Jérusalem en est bien la capitale naturelle? Quel journaliste-historien, à moins de se faire assassiner lui aussi, peut analyser, jusqu'en ses ultimes ravages, le fonctionnement de la Mafia, ou du gang des camionneurs, aux Etats-Unis? A l'Est, le régime soviétique se juge suffisamment stabilisé, pour que le K.G.B. ait quelque peu rogné les ongles du N.K.V.D., que la détention ait pris la place de l'exécution, voire que l'exil se soit en partie substitué à l'emprisonnement, puis l'interdiction de publier, à la disgrâce. Toute une troisième émigration russe fait néanmoins entendre une contre-histoire de l'U.R.S.S., et il a fallu le puissant génie de Soljenitsyne pour qu'elle se fasse entendre; mais son message porte surtout hors de la société soviétique qui, certes, a connaissance et lit une partie de ces *samizdats*, mais, dans son épaisseur y demeure étrangère, sinon hostile, quand elle n'en conteste pas, à son tour, le bien-fondé. L'histoire institutionnelle règne ainsi en U.R.S.S., même si une deuxième voix laisse planer un doute sur la fiabilité de cette histoire et si quelques travaux, opérés en quelque sorte *en contrebande*, essaient de constituer les archives d'une contre-histoire. La revue *Pamjat* s'y efforce; y figurent peu de documents émanant du parti, en revanche, on y trouve un flot de lettres oubliées, mémoires, fragments de textes inconnus – ces témoins que l'histoire institutionnelle n'a pas interrogés – qui reconstituent les traces et la trame de cette contre-histoire de l'U.R.S.S., celle des formes et des transfigurations de la répression, de 1919 aux années 1960. Que l'historien présumé responsable de ces publications, éditées ensuite à New York, ait pu être condamné à quatre années de camp, autour de 1978-1980, définit les cadres de liberté dans lesquels s'inscrit, en U.R.S.S., la profession d'historien. Par solidarité, ses collègues du monde entier ont protesté contre l'arrestation, après celle d'Amalric, de Roginski[8].

On imagine la prudence de ceux qui ont pour profession d'analyser, de témoigner... Un des moyens les plus courants d'exprimer des idées interdites, ou simplement d'énoncer des faits non conformes à l'histoire officielle est de procéder à un déplacement du discours... Ce qui explique que souvent la poésie, le roman, la littérature – comme cela s'est produit plusieurs fois dans l'histoire – permettent de tourner les interdits mieux que les discours sur le réel, que l'histoire. En U.R.S.S., aujourd'hui, un double détournement, par la critique littéraire, permet, plus subtilement encore, de procéder à une analyse historique non conforme. Alexis Berelowitch le montre avec l'exemple d'une critique de Mihail Lobanov, rédacteur en chef de la revue *Volga*, de Saratov. Analysant un roman de Alekseev, *les Bagarreurs*, Lobanov note que l'auteur fait sentir que l'expérience soviétique « dépasse [en horreur] toutes les prévisions de Dostoïevski »; il juge aussi que la paysannerie russe incarne « la vraie morale » – qui aussi ne serait pas celle de « l'homme nouveau », etc. –, alors, demande Lobanov, pourquoi ne pas « se libérer » en disant tout cela « explicitement »? A Moscou, c'est l'Union des écrivains vigilante qui a libéré Lobanov de ses fonctions...[9].

BATAILLE SUR LE RÉCIT, BATAILLE SUR LES VALEURS

Ce sont les peuples à qui le vainqueur déniait tout droit à l'histoire qui ont résisté le plus à la Vulgate qui leur était imposée, *les peuples ex-colonisés* par conséquent. Du temps de leur soumission, tous n'ont pas élaboré nécessairement le même type de contre-histoire, parce que ni leur passé ni la nature de leurs rapports avec l'Europe n'ont été partout similaires. *Devenus libres, leur contre-histoire est devenue histoire officielle* et elle a gardé quelques-uns des traits de ses origines.

En premier lieu, elle livre une *bataille sur le récit*. Pour l'Algérie, par exemple, elle met en cause la version traditionnelle, française, des données de la conquête. « En 1830, une convention a été signée, garantissant la liberté et les biens des Algériens. Elle ne sera pas respectée. » « Après 1839, Abd el-Kader prend des mesures pour développer l'économie. Mais les violations et les empiétements de l'armée française amènent la reprise de la lutte en 1841. » On retrouve une même bataille sur le récit en Inde, au

Viêt-nam, en Afrique noire. En vérité, celle-ci existe également si l'on confronte des historiens traditionnels allemands et français sur les origines de la guerre de 1914; ou des historiens trotskistes et soviétiques sur la période stalinienne. La différence est que dans ces derniers cas, seule une minorité de professionnels ou de militants procède à cette confrontation; dans les pays anciennement colonisés, il s'agit d'effacer les traces d'un enseignement public et antérieur, de donner à la société son armement moral pour forger son identité.

En second lieu, diffère ou non l'attitude des auteurs de la contre-histoire vis-à-vis des *valeurs* de l'Occident. Dans le monde islamo-arabe, la plupart sont globalement rejetées : par exemple, la glorification des sédentaires et le discrédit attaché au nomadisme – un des « critères de civilisation », comme on a vu – est mis en cause et inversé par l'historiographie arabe, sauf en Egypte, pays de sédentaires. Pour l'Afrique du Nord, par exemple, elle fait valoir que les sédentaires qui ont dû subir l'étranger ont été soumis et contaminés par l'Occident, alors que les nomades ont su échapper à son emprise et conserver intactes les valeurs inviolables de l'Islam arabe; de même l'absence d'Etat centralisé, loin d'être le signe d'un stade « attardé » du développement d'une société, – avec pour contrepartie l'autonomie du pouvoir local, d'une tribu ou d'un village berbère par exemple – constitue, à l'inverse, selon ces vues une forme originale de défense et de repli contre une domination étrangère ou mal acceptée.

De façon plus radicale encore, à l'époque où elle était menacée par l'Europe, la Chine mit en cause les principes sur lesquels s'appuyaient la vision de l'histoire et le droit européens. Ces valeurs avaient été codifiées et définies successivement par Wheaton, Oppenheim et de Malten, respectivement américain, anglais et russe, lorsque l'Occident, à la fin du XIXe siècle, entreprenait la conquête ou la mise en tutelle des Etats avec lesquels il concluait des traités « inégaux » : Chine, Japon, Siam, Empire ottoman, Abyssinie. Ainsi, *un concept culturel, la civilisation,* et un système de valeurs *avaient une fonction économique et politique précise.* Ces pays devaient garantir aux Européens les droits qui définissent la civilisation – mais qui, de fait, avaient pour fonction d'assurer leur prééminence. Au nom de la lutte contre la barbarie ou le fanatisme, et de pratiques inacceptables (polygamie, *sati* ou suicide des veuves en Inde), s'imposait un droit qui, dans sa fonction, substituait au « fanatisme religieux » une légalité qui assurait les pleins pouvoirs à la morale du profit...

La résistance de la Chine tenait à ce qu'elle s'identifiait, elle aussi, à la civilisation qu'elle incarnait; en Extrême-Orient, la Chine était bien perçue comme une entité culturelle, centre du monde; plus qu'un Etat-nation; au reste, les peuples du pourtour versaient à la Chine, même affaiblie, le *kow-tow,* signe de sa prééminence culturelle. Finalement, sa résistance politique, la division des ennemis assura au pays son indépendance : la Chine se transfigura bientôt et elle adopta, peu ou prou, les valeurs occidentales à l'époque de Sun Yat-Sen. Depuis lors, la contre-histoire qu'elle élabora face à l'histoire européocentrique s'opposa à la fois au modèle soviétique et au modèle européen-bourgeois. Mais l'historiographie chinoise s'y référa[10].

Ce ralliement partiel ou total aux valeurs de l'Occident, on le retrouve en partie aux Indes où, mis à part la bataille sur le récit, la contre-histoire devenue histoire a épargné l'Anglais qui réhabilita le passé de l'Inde hindouiste, a enseigné la démocratie dont on a vu l'avantage pour Gandhi et Nehru, ralliés à une régénération du pays par le capitalisme – une fois acquise l'indépendance.

Typologie : le cas des Noirs américains

La récupération des différentes valeurs de l'Occident est encore plus absolue dans une véritable histoire-parallèle qui est ainsi demeurée une contre-histoire, celle des Noirs aux Etats-Unis. On y retrouve les stratifications de l'histoire vue par les Blancs à chacune des périodes du développement des Etats-Unis. De sorte que les Noirs furent parmi les premiers à contester la vision providentielle officielle de l'histoire, le mythe du « Paradis à construire à la sueur de son front, où l'on pourra se balancer aux doux rayons de la liberté, liés par des lois bénéfiques d'un seul gouvernement, d'une seule nation s'étendant de l'Atlantique au Pacifique ». Dès les origines des Etats-Unis ils construisent la trame d'une contre-histoire, qui n'est que balbutiements à ses débuts, mais qui prend consistance avec le temps et s'institutionnalise à son tour. Première trace, dès 1794 ils se cotisent pour éditer des adresses où ils réfutent la façon dont, par exemple, les publicistes relatent leur comportement lors de l'épidémie de fièvre jaune de Philadelphie : prompts à soupçonner les Noirs d'avoir pillé quelques boutiques, les Blancs omettent de mentionner la part prépondérante prise par les Noirs pour transporter et ensevelir les morts, par pur dévouement. « Gardez vos compliments pour vous », écrit Absalon Jones, seul Noir auquel ce publiciste rendait hommage. « Ils sont viciés par vos procédés, vos accusations sans preuve... » Plus tard les Noirs réfutent non plus seulement les événements, le quotidien, mais les attendus mêmes qui autorisent les Blancs à s'approprier l'histoire à leur avantage. A la manière d'un dialogue de Socrate, Daniel Cooker argumente, Bible à l'appui, contre l'esclavage, pour en contester la légitimité. Toujours au début du XIXe siècle, le révérend père H. Easton, « *a colored man* », écrit une histoire de l'humanité où il établit un parallèle entre les destinées de la race noire et celles de la race blanche. Il crédite Ham, fils de Noah, créateur de la race africaine, d'avoir sans doute été le fondateur du premier gouvernement après le déluge. Il trace l'histoire providentielle de cette race noire, à l'origine des grandeurs de l'Egypte et mère des civilisations. Il montre que ce destin lui donne autant de droits qu'à la race blanche dont, comme on le sait, Japhet fut le créateur et dont les descendants, Grecs puis Romains, ont péri sous les coups d'envahisseurs appelés Barbares et qui effectivement ont tout détruit autour d'eux pendant plusieurs siècles. C'est eux qui inventèrent l'esclavage; suit toute une chronologie de catastrophes qui se sont abattues sur le monde depuis l'invention du système féodal, dont on se targue encore aujourd'hui (1836) pour soumettre les Noirs.

Depuis 1836, cette contre-histoire noire s'est constituée, renforcée de tout ce que l'histoire en train de se faire pouvait lui apporter de nouvelles thèses, et fonctions. Elle a également nourri le discours des leaders, ceux qui préconisaient le retour en Afrique, Sierra Leone ou Liberia, après les grandes désillusions qui suivirent la guerre civile. Elle est à l'origine de tous ces travaux qui aujourd'hui s'opposent à l'histoire institutionnelle, celle des *Wasp,* et qui a pris un grand essor depuis le grand mouvement de démocratisation de l'époque d'Eisenhower[11].

Elle possède son panthéon de héros, tels Cristos Attucks, l'esclave fugitif, le premier Noir à faire don de sa vie à la cause de l'indépendance américaine; Harriet Tubman, une esclave qui en entraîna 300 à sa suite et servit de nurse puis d'espionne au service du Nord, pendant la guerre civile; et bien d'autres, jusqu'à Martin Luther King, Malcolm X.

Le fait important est que sous la pression du Mouvement des droits civiques et de la lutte des

Noirs pour leur égalité durant les années 1960, cette contre-histoire noire a fait son entrée dans l'histoire officielle – pas, certes, sous son aspect providentiel, mais par ses épisodes les plus importants depuis 1820. Ainsi, dans les *readers* les plus récents, par exemple *Building The American Nation,* de Reich et Biller, dix chapitres au moins sont consacrés au problème noir, sur cent quatorze, alors qu'avant que ne s'exerce cette pression, l'histoire officielle ne lui consacrait que les pages de rigueur pour commenter la guerre de Sécession.

Par un autre cheminement cette contre histoire a alimenté l'histoire que les Africains apprennent et enseignent aujourd'hui, au moins pour rappeler les origines fastes de la race noire, et que l'Afrique tropicale fut le berceau de l'humanité. Cet enseignement ne manque pas, à la suite des écrits de Hosea Easton et de quelques autres, d'évoquer la grandeur de l'Afrique, de ses origines, à l'époque où le monde occidental connaissait toutes sortes de calamités.

Une alternance originale : le Mexique

Cette légitimation et cette régénération de leur passé, les Indiens du Mexique ont pu se les faire reconnaître, alors qu'au Pérou l'histoire de la conquête, transcrite dans l'élégie *Apu Inca Atawallpaman* ou encore par le folklore, demeure une contre-histoire interdite qui ne dispose pas de véritable support institutionnel mais seulement de travaux d'historiens indépendants. Au Mexique, en revanche, histoire et contre-histoire connaissent depuis un siècle et demi un régime d'alternance. Depuis l'indépendance, en effet, créoles et métis on revalorisé le passé précolonial, à vrai dire dans le cadre d'une *laïcisation de l'histoire* et portés par la lutte contre l'Eglise plus que par le souci de revaloriser les anciens Mexicains. Cette volonté positiviste de restituer à ce pays l'inventaire de tous les « faits » du passé a ainsi abouti à une révision de l'histoire qui, en faisant de l'indépendance l'an 1 d'une ère nouvelle, expulsait Cortès le conquérant de la galerie des héros, pour lui substituer d'abord Morellos, Mina et Iturbide, puis Juarès, héros de la lutte pour l'indépendance en 1867. Les soubresauts politiques que le Mexique a connus depuis ont réintroduit la version européocentriste, avec son propre panthéon de héros chaque fois que les conservateurs reprenaient le pouvoir face aux libéraux. Autre trait, toujours dans le cadre de ce conflit idéologique où la culture indigène devenait un enjeu, la forme donnée à la représentation du passé en indiquait le sens. En effet, les libéraux développèrent l'enseignement de l'histoire *par la fresque,* par l'image pour que des populations encore illettrées puissent prendre connaissance de leur passé : paradoxalement c'est ainsi contre l'Eglise que la fresque retrouve sa fonction didactique.

De sorte que, *face à l'histoire écrite,* la fresque historique au Mexique porte en elle-même la dynamique d'une résistance « révolutionnaire » qu'incarne l'œuvre de D. A. Siqueiros. On retrouve des phénomènes similaires ailleurs, chaque fois que la manifestation de la résistance d'une société s'exprime par le choix d'une forme qui, à elle seule, confère le sens : film, fête, commémoration, autres lieux privilégiés du combat pour l'histoire[12].

Autre modèle de contre-histoire, en Europe, celui que construisirent certaines communautés *à partir du modèle anticolonial,* en identifiant leur combat politique à la lutte « anti-impérialiste ». En France, par exemple, certains mouvements corses ou occitans tiennent ce type de discours sur l'histoire, assimilant leur greffe sur l'Etat français, au vu de l'état actuel de leur dépendance économique, à une véritable conquête de caractère colonial. Il y a là une dérive des termes, des concepts; car, à la différence des Arabes dans l'Algérie des trois « départements » français, par exemple – les Corses ou les Occitans participent à l'appareil de l'Etat sans aucune discrimination. Il demeure que l'historique de leur greffe a toujours été décrit du point de vue des centres du pouvoir de Paris, et que, pour les Occitans en premier lieu, toute l'histoire de la France devrait être réécrite.

Contre-histoire occitane

La contre-histoire de ce pays, les Occitans ont été ainsi parmi les premiers à l'énoncer. On la résume ici en accentuant ses traits pour qu'ils apparaissent plus nets au regard de la Vulgate de l'histoire de France, telle que nous l'avons apprise, enfants[13].

Clovis est ce conquérant, ce Franc qui entreprend la destruction du royaume des Wisigoths sous le prétexte qu'ils sont « hérétiques », ariens. En 507, il les bat à Vouillé et, en vrai sauvage, il multiplie les razzias chez ces civilisés. Les Francs ne s'installent pas d'ailleurs dans cette « colonie », ils se contentent de la piller périodiquement. Lorsque les Arabes intègrent l'Occitanie à leur empire, ses habitants les préfèrent, et de loin, aux pillards du Nord : en 729, Eudes de Narbonne et l'émir Monuza ont uni leurs enfants, et de l'autre côté du Rhône, le duc Mauront construit une principauté islamo-chrétienne; car, en Occitanie règne la tolérance, et l'entente s'établit avec les musulmans. Mais, « malheureusement », Charles Martel triomphe des Arabes à Poitiers, il atteint bientôt la Méditerranée; en 739, il brûle et rase Narbonne qui avait résisté héroïquement. Il laisse derrière lui un désert dont hérite Charlemagne...

Pendant les siècles qui suivent, pour échapper à cette domination des gens du Nord pour lesquels, selon les termes d'Augustin Thierry, les Occitans ont une véritable aversion, les maisons d'Aquitaine et de Toulouse recherchent tous les moyens possibles à l'intérieur du système féodal. Ils font ainsi hommage, les uns au roi d'Angleterre, les autres au roi d'Aragon. Louis VII essaie de s'approprier l'ouest de l'Occitanie en épousant Aliénor d'Aquitaine, et aussitôt assiège Toulouse qui refuse d'en être la dot. La ville résiste victorieusement et Aliénor divorce pour épouser Henri Plantagenêt qui devient roi d'Angleterre en 1159. L'« Anschluss » de l'Aquitaine avait échoué, mais celui de l'Auvergne devait bientôt aboutir.

Dans cette contre-histoire, le martyrologe de l'Occitanie ne connaît pas de répit. Demeurée néanmoins terre de liberté dans un monde caractérisé par le servage, la confusion entre l'Eglise et l'Etat, l'empire de la société sur l'individu, l'Occitanie jetait un défi à l'Eglise et au roi de France. Le courage des Albigeois mit fin à la liberté des cathares, aux libertés communales; malgré la résistance qui suivit la bataille de Muret en 1213, l'occupation du pays fut totale; et Louis IX que, dans le Nord, on appelait le Pieux, exerce la répression impitoyable qui aboutit au bûcher de Montségur, où sont brûlés sur place les « résistants » cathares. Terre confisquée, l'Occitanie connaît pourtant une quatrième croisade, celle qui réprime les protestants, après avoir persécuté les ariens, les musulmans, les cathares. Tandis que François 1er liquide les Navarrois, autres « hérétiques », le royaume de Jeanne d'Albret et son université d'Orthez se fondent dans la France du Nord après l'abjuration d'Henri IV, le seul monarque à instituer la tolérance; mais celle-ci ne survivra pas au roi gascon.

Terre refuge des protestants, saignée à blanc à nouveau lors de la répression des camisards, le pays sera désormais terre de conquête, colonisée par le fisc et bientôt par les intendants. « Dépecée, désossée, ayant perdu jusqu'au souvenir de son unité », l'Occitanie voit se dissoudre encore un peu plus de son identité lorsque le pouvoir de la Révolution française refuse tout provincialisme. On y crie donc « à bas la nation » lorsque l'on comprend que celle-ci est « une idole forgée par les bourgeois » et que l'égalité promise en 1789 est une duperie. D'où la révolte fédéraliste, puis la croisade anti-girondine. L'étape suivante fut la déculturation qui commença avec la chasse au patois, avec la demande de l'abbé Grégoire « d'abjurer le fédéralisme des idiomes », première étape d'un processus d'aliénation. L'Occitanie est devenue la France « obscure », elle n'est même plus la vraie France pour Michelet; et, après lui, on lui enseigne à se mépriser. A l'époque de Jules Ferry, le maître d'école ne sait déjà plus rien de la civilisation occitane du Moyen-Age; il a entendu tout juste parler des troubadours; dans le petit Lavisse et le Malet-Isaac, ses héritiers, l'Occitanie a disparu, entièrement folklorisée; dans la littérature, ses personnages jouent les héros ridicules, Tartarin y incarne le provincial, le compagnon de Bécassine.

Il a fallu attendre les années 1960, l'action des pionniers de la contre-histoire, tel R. Lafont, l'émergence du sentiment chez les méridionaux d'être les victimes d'une sorte de « colonialisme économique », enfin une réaction générale contre les abus de l'Etat à la fin des années 1970 pour que cette contre-histoire gagne ses premières victoires, qu'elle fasse surface, et acquière sa légitimité en suscitant travaux scientifiques et expérimentaux[14].

Ces données témoignent ainsi que la contre-histoire comme l'histoire naissent d'un besoin, de données précises. Elles ne sont pas, pour autant, plus marquées que l'histoire officielle, du label de la vérité...

En Corse, vu la multiplicité des groupements qui prétendent incarner le peuple et la nation, la conscience de l'histoire s'exprime par un ensemble de symboles autant que par un contre-discours historique unique.

Une sorte de contre-histoire existe néanmoins; mais elle demeure segmentaire. En amont, comme l'a montré Pierre Dottelonde, elle dispose d'un héros et d'un mythe : Pascal Paoli, père de la patrie qui présida aux destinées de la Corse indépendante de 1755 à 1769. Plusieurs clubs « Pascal Paoli » dotés d'un organe bimensuel *A Consulta* remémorent l'existence de cette expérience que l'histoire officielle, en France, avait complètement effacée : « Vaincu par les Français, le premier Etat démocratique de l'ère moderne, le pays qu'admirait Rousseau, quittait les routes du futur pour entrer dans l'Ancien Régime. » De fait, admiré des philosophes, Paoli avait institué un véritable régime démocratique, doté l'île d'une université à Corte. Dans *Populi Corsu,* Jacques Gregori écrivait, en 1970 : « Le paolisme a créé, vingt ans avant la révolution américaine, trente ans avant la Révolution française, la doctrine de la libre disposition des peuples par eux-mêmes. Il a été la négation du colonialisme, colonialisme génois, colonialisme français, de tous les colonialismes. Aujourd'hui

[1970] il se trouve partout où un peuple revendique sa culture, sa langue, son autonomie [...], le droit de vivre et de mourir sur sa terre. »

En aval, se trouve ainsi cette assimilation de la situation de la Corse au statut et à la situation d'une dépendance, exploitée, « colonisée » par des sociétés étrangères, des pieds noirs ou des continentaux, ce qui explique l'identification du mouvement sécessionniste aux peuples du tiers monde, aux Palestiniens en particulier.

A côté de cette contre-histoire les *symboles* apparaissent ou réapparaissent au début des années 1960, ils sont liés au paolisme : le drapeau blanc à tête de Maure, emblème de la Corse indépendante, adopté à Corte le 24 novembre 1762, par conséquent antérieur au drapeau bleu, blanc, rouge; l'hymne *Dio Vi Savi Regina,* réintroduit par l'A.R.C. vers 1960 après que l'*Ajaccienne* eut plus ou moins sombré; le sigle de la Corse stylisé, triangle allongé avec un trait symbolisant le cap Corse; la commémoration surtout de la bataille de Ponte Novu : des milliers de personnes prennent le deuil chaque année en souvenir de cette défaite; l'utilisation de certains mots, *Consulta* plutôt que congrès, *Vedita,* plutôt qu'assemblée[15].

La conscience que les sociétés ont de leur histoire, de leur identité ne s'exprime pas seulement au travers des récits qui relatent leur passé. La connaissance du passé constitue seulement un des visages de l'histoire; il en est d'autres qui s'expriment avec autant de vivacité, mais que pendant longtemps les professionnels n'ont pas revendiqués ni reconnus comme appartenant à leur domaine; tel est le cas des commémorations et des fêtes que, depuis la tradition des Grecs, les historiens ignoraient – et que l'historiographie actuelle a pris en compte. Avec les manuels scolaires, ils constituent un deuxième lieu de conflit entre l'histoire et la contre-histoire.

FÊTES ET COMMÉMORATIONS

Ces autres foyers qui contribuent à la constitution de la conscience de l'histoire, les institutions s'efforcent de les contrôler, tellement l'enjeu en est essentiel.

Occasion d'excès exceptionnellement permis, voire ordonnancés, la fête accompagne souvent la commémoration, ou se confond avec elle, au moins dans le monde européen ou nord-américain. En Andalousie ou au Levant, par exemple, une fête annuelle coïncide avec la commémoration de l'expulsion des Arabes (*Moros y Cristianos*) accompagnant la reconstitution de l'histoire de leur arrivée, puis la soumission des chrétiens, enfin leur révolte et leur libération. Chaque épisode, qui restitue la langue et les gestes du passé, est l'occasion de différentes festivités qui, à la fois enracinent la présence de l'Arabe dans la culture espagnole, et mettent l'accent sur les différences. Pour le 14 juillet également, en France, la fête et le feu d'artifice précèdent ou suivent la commémoration. L'enjeu, ici, est important, aussi l'organisation met aux prises diverses institutions et, comme dans la rédaction du manuel scolaire, l'histoire – la vérité historique – devient le fruit d'un compromis.

Comment définir ces conflits?

Dans les commémorations et les fêtes, selon Yves-Marie Bercé, un tournant apparaît au début du XVIe siècle. Jusque-là, dans les fêtes traditionnelles, le choix d'ennemis ritualisés ne prêtait pas à polémique. Mais le temps de l'innocence des fêtes prend fin lorsque, avec la Réforme une scission apparaît dans l'opinion citadine. L'imprimeur bâlois Pamphilius Gegenbach qui rédigeait et diffusait des ballades d'actualités, composa en 1517 un premier jeu de Carnaval politisé. A Berne, on organisa en 1523 un véritable Carnaval antipapiste. Avec l'extension de la Réforme, d'autres fêtes se politisèrent, devinrent des enjeux, et, en conséquence, des fêtes traditionnelles disparurent successivement en Allemagne, en Angleterre, alors que dans les pays catholiques, elles se perpétuèrent plus longtemps : la fête, la réjouissance devenait une affirmation de catholicité. En ce sens, les fêtes traditionnelles représentaient le passé, et celui dont on gardait la nostalgie était un passé où toute la population était unanime, où, comme aujourd'hui encore dans les villages, l'unanimité est plus forte que les tensions internes : en témoigne la présence de tous aux enterrements.

Or, observe Bercé, « la scission de cette communauté traditionnelle s'est effectuée par en haut ». Les exigences, successivement d'une religion épurée, de l'étatisme centralisateur aux XVIIe et XVIIIe siècles, de la Révolution française; puis la diffusion par en haut de la morale et de l'instruction ont à la fois divisé la communauté et privé de la participation des élites aux réjouissances[16].

Mais le sort des commémorations fut assez similaire. Elles devinrent un enjeu politique, quel que soit le signe de leur idéologie d'origine.

A l'époque contemporaine, *la mécanique de ces enjeux* a été finement analysée par Mona Ozouf qui montre bien que lors du centenaire de la Révolution française, en 1889, par exemple, « le paradoxe de ces festivités a été de *renoncer au récit lié* », car il eût fait apparaître le partage entre le commémorable et le non-commémorable, ce qui, à nouveau, eût divisé la France. Le centenaire ne retient ainsi que cinq dates : le 5 mai des états-généraux, le 20 juin du Jeu de Paume, le 14 juillet, le 4 août 1789 et le 21 septembre 1792, avènement de la République. On ne se risque pas à commémorer la Terreur, et même, à l'inauguration de la statue de Danton, à Arcis-sur-Aube, l'orateur présente « le Sauveur de la Patrie, le Père de l'instruction publique et l'inventeur de la République », puis « par défaut de force dans la voix » il s'interrompt là..., c'est-à-dire en 1792. Robespierre, quant à lui, n'est guère commémoré, sauf par l'extrême gauche, et, depuis 1917, en U.R.S.S., où Lénine et Lunatcharski lui inaugurent une statue, face à celle de Danton[17].

Ainsi, *plus encore que l'histoire diffusée par les manuels* scolaires, *la commémoration accuse les silences, déplace les faits et les sélectionne.* Comme le récit historique, elle est un lieu de conflits; le confirment l'analyse de l'anniversaire de la Commune de Paris comme celle de la célébration de la victoire de 1944 où se disputent les commémorations des différentes familles républicaines, communiste dans un cas, gaulliste dans l'autre cas.

Mona Ozouf montre bien également la fonction conservatrice des commémorations puisque les projets de monuments, le programme des fêtes, les plans pour les cortèges qui commémorent le centenaire de la Révolution française « martèlent » que ceux que l'on honore sont identiques les uns aux autres, « que nous sommes les mêmes qu'alors, que nous resterons les mêmes », ce qui est un acte de foi plus qu'une vérité historique[18].

Aujourd'hui, avec la transmission *télévisuelle* des commémorations, à côté du commémorable et du non-commémorable, s'introduit une autre réduction, celle du *montré et du non-montré.* Par exemple, lors de la représentation des grandes cérémonies anglaises, telle la transmission du mariage du prince Charles, ou d'autres encore, sont privilégiées par l'image trois instances particulières : le Palais, l'Armée et l'Eglise. En voix « off » le commentateur se veut conforme à la solennité du moment qui a pour effet d'accroître la légitimité des institutions et des personnes ainsi représentées. Qu'une seule fausse note se fasse entendre, un commentateur notant, à la mort de la princesse Grace, que le prince Rainier est bien à plaindre « comme tous ceux qui ont perdu tragiquement leur compagne », et cela est jugé sacrilège; le commentateur est sanctionné.

De sorte que, dans la commémoration, de la même manière qu'il n'existe pas de différence spécifique entre les différents faits révolutionnaires qu'unit une cohérence fondamentale que symbolise la fête de la Fédération – qui nie la violence des luttes réelles et met en scène un rassemblement idéal –, aujourd'hui les commémorations historiques, révolutionnaires ou pas, présentent un certain nombre de caractères similaires[19].

Le fait se vérifie en U.R.S.S. où les différentes fêtes, révolutionnaires ou pas, commémoratives ou non, forment un ensemble ordonnancé et qui, de façon préméditée ou spontanément, a pour effet de fonctionner comme un dispositif qui renforce le système.

Plus que tout autre, le cas soviétique constitue un observatoire privilégié pour repérer le mode de relations qui s'établit entre, d'une part, la conscience de l'histoire issue des œuvres proprement historiques et, d'autre part, les fêtes et commémorations que le régime a instituées ou qui lui sont antérieures; car, plus systématique qu'ailleurs le contrôle sur l'histoire se complète en effet par un dispositif de fêtes et commémorations qui a pour effet de le rendre plus étroit.

Disons même que devant le caractère vraiment nouveau pris par ces manifestations depuis une vingtaine d'années, une question se pose : *En U.R.S.S. l'ensemble de ces rituels ne prend-il pas, peu à peu, la place de l'idéologie* à laquelle on ne croit guère en tant qu'instrument de socialisation ou de légitimation du pouvoir également. Pourtant, l'examen de ces fêtes, ou du phénomène de leur extension, témoigne que celui-ci ne saurait être considéré *seulement* comme une stratégie du pouvoir.

Déjà en ce qui concerne les fêtes officielles, leur inventaire fait apparaître un changement radical dont ce tableau[20] rend compte : les fêtes proprement historiques, commémoratives sont en nombre de plus en plus réduit par rapport aux fêtes d'intégration sociale.

PÉRIODE D'INSTITUTION DES COMMÉMORATIONS OU DE LA FÊTE	1917-1941	1941-1960	1960-1977
Fêtes proprement historiques (Octobre, la Commune, la victoire de 1945, etc.)	3	2	0
Fêtes internationalistes type 1er mai, indépendance de l'Afrique, etc.	2	5	3
Fêtes sociales ou professionnelles (des Géologues, des Enseignants, etc.)	2	10	21

Les très grandes cérémonies demeurent réservées à l'anniversaire d'Octobre et au 1er mai : leur solennité, leur gigantisme ne cessent de croître, sauf circonstance particulière. Elles incarnent, en quelque sorte, la puissance de l'Etat et constituent la fête des dirigeants alors que pour les non-participants elles sont considérées simplement, comme ailleurs dans le monde occidental, comme un jour de congé. A ces commémorations s'ajoutent, du point de vue de l'intégration à l'Etat, à la nation, au Parti, les pèlerinages aux lieux saints : mausolée de Lénine, Institut Smolny, gare de Finlande où Lénine revint en Russie, et tous ces monuments aux morts de la grande guerre patriotique de 1941-1945. Ces cérémonies et ces visites sont définies comme sacrées par les Soviétiques eux-mêmes : le culte de la Terre Mère, de la Mère Patrie, de la terre russe, de la patrie soviétique a une tonalité qui rappelle celle de l'été 1914. En ces lieux, le climat des visites guidées d'enfants est très semblable à celui des visites des jeunes Américains au Capitole, à Washington. Ce climat ne se retrouve, certes, ni à Paris, ni à Rome, ni en Grande-Bretagne...

La multiplication des fêtes officielles de caractère social ou professionnel (de la Santé, des Enseignants) a pour fonction de donner un modèle aux plus jeunes – qui n'ont pas connu l'ancien régime, ni même l'avant-guerre – et de célébrer l'exemple des meilleurs, dans l'esprit de la révolution culturelle des années 1930. Chronologiquement ont été ainsi célébrées successivement : les cheminots (1936), les mineurs (1947), les travailleurs de l'agriculture (1966), etc. Les fêtes sont destinées à renforcer le goût du travail, à récompenser les citoyens modèles et, de ce point de vue, leur relève quotidienne est prise à sa manière par la télévision qui reproduit la société soviétique idéale, à la fois exemple et modèle[21].

Mais le trait le plus significatif est sans doute le développement et *la multiplication des fêtes privées prises en charge ou organisées par la société* elle-même, à sa base, c'est-à-dire par la municipalité, par le comité de l'usine, etc. Palais du Bonheur, palais du Mariage se multiplient à ces initiatives; par exemple, on compte 311 Grands Salons en Ukraine institués à cette fin, indépendamment du palais des Mariages, environ 600 pour toute l'U.R.S.S. Tout un cycle familial est ainsi célébré, indépendamment des rites d'initiation à l'entrée dans les organisations professionnelles ou autres, pionniers notamment. Nécessairement ces festivités interfèrent avec des traditions plus anciennes quand elles ne les reprennent pas, à peine modifiées, telle la vieille fête slave du Solstice d'été en l'honneur d'Ivan Kupala que ne dénaturent guère une ou deux bannières rouges d'accompagnement... Le processus de réintégration est plus net pour la *Maslenitsa*, fête des saisons, transfigurée en une fête des changements d'activité dans le travail agricole. Plus souvent le parti essaie de procéder comme faisait jadis l'Eglise chrétienne, en faisant coïncider une festivité soviétique avec une tradition, une pratique qui est surtout appliquée dans les Républiques non russes. En Kirghisie et en Ouzbekistan par exemple, les musulmans disposent de leurs propres cimetières; en présence de hautes personnalités, président du sovkhoz, dirigeants du parti, la cérémonie a lieu vers le soir, sans les femmes qui ululent leurs lamentations à la maison. Quelquefois, en cas de présence d'un non-musulman, la cérémonie se dédouble; après les discours officiels, une fois les non-musulmans partis, la famille sort le cadavre de son cercueil et l'incinère. Et puis, clercs de l'islam et familles s'ingénient ensuite à multiplier les fêtes commémoratives auxquelles ne participent que les membres du groupe[22].

Les autorités s'efforcent par tous les moyens de *récupérer ces cérémonies*. Par exemple, elles construisent d'elles-mêmes – sans initiative par en bas, cette fois – ces maisons du Bonheur, pour y abriter (et y contrôler) les mariages civils. En Ouzbekistan, la fiancée qui entre y voile son visage... Inversement, incapables d'empêcher les musulmans de fêter leur Nouvel An, les Russes s'efforcent de transfigurer le *Nauruz*, « fête du printemps » en une festivité soviétique. L'exemple le plus significatif de la vanité de ces efforts est sans doute la commémoration de la Mort du Prophète, une fête historique que le calendrier soviétique, évidemment, ne reconnaît pas; elle a lieu, pour chaque musulman, quand il a atteint 63 ans, âge du décès de Mahomet. Les autorités essaient de la laïciser en la transformant en une cérémonie civile : par exemple, en reportant la cérémonie de la retraite, effective trois ans plus tôt; ou, mieux, en offrant une récompense exceptionnelle au retraité, décoration par exemple, à une date qui coïncide précisément avec le *Paigamberechi*, la fête du Prophète.

Ces survivances, cette remontée des traditions s'effectuent ouvertement, en conflit moucheté toutefois avec le discours officiel, qui tolère néanmoins ces manifestations au nom de l'identité, ici russe, là tatare, ou ukrainienne, au nom de ce supplément d'âme que donnent à l'existence du citoyen ces moments où la société exprime « ce qu'elle a de plus beau et de meilleur »; où se développe la *Kultur'nost'* cette civilité, ces mœurs civilisées que le socialisme entend développer. L'*homo sovieticus* devient ainsi un croisement entre l'Ancien et le Nouveau[23].

Cette résistance, ce compromis témoignent de l'enracinement de formes très anciennes de la conscience historique. Dans le Caucase, dans les régions montagneuses des civilisations méditerranéennes, dans les îles et territoires qui sont demeurés quelque peu à l'écart du processus général de centralisation par l'Etat, la conscience de l'histoire interfère ou se confond avec la tradition, avec le maintien d'un certain ordre social que définissent le sens de l'honneur, la pureté du sang – valeurs qui sont sauvegardées, la première par les hommes, la seconde par les femmes, et qui, unissant le passé et le présent, exercent une fonction de maintien et de sauvegarde de la communauté – comme l'histoire[24].

FOYERS DIFFUS, FOYERS ÉPARS

A la fois diffus et épars, d'autres foyers produisent des œuvres qui contribuent à la constitution de la conscience historique : celles des écrivains, artistes, auteurs d'opéras, cinéastes. Plus ancien est leur enracinement et plus leur œuvre marque la conscience que les sociétés ont de leur identité, de leur devenir, car cette permanence contraste avec la nature et l'opinion changeantes des œuvres proprement historiques – dont le jugement varie avec l'accomplissement même de l'histoire. Ces œuvres peuvent prendre ou non l'histoire pour cadre : tel n'est le cas ni des *Contes des mille et Une Nuits* ni d'une bonne part de la littérature du haut Moyen-Age occidental; vu leur ancienneté, leur empreinte contribue néanmoins fortement à la représentation que les sociétés ont d'elles-mêmes et de leur passé.

Examinant des *Contes des mille et Une Nuits*, André Miquel[25] montre que, parmi eux, il n'en est pas d'innocent. Le conte recèle toujours un certain « péché référentiel » qui constitue précisément un des éléments de ce savoir diffus, historique s'il en est, mais qui n'emprunte pas les formes traditionnelles de l'exposé d'histoire.

En témoigne l'exemple du *Yéménite et de ses six femmes esclaves*. Le conte met en scène un débat sur les mérites respectifs des femmes de chacune des races constituant le monde de l'Islam. Par-delà le concours de poésie et de rhétorique où s'affrontent des femmes classées suivant des critères de silhouette et de couleur, il s'exprime un principe moral qui est une sorte d'appel à l'égalité entre tous les musulmans, par-delà les critères de race et de couleur, chaque femme exprimant un charme particulier. On retrouve ainsi quelques thèmes que la science géographique arabe avait abordés; car est posé, indirectement – mais clairement pour l'analyse – le problème des rapports entre Noirs et Blancs, Arabes et non-Arabes, la femme arabe plus svelte que la persane, exprimant par les termes mêmes de son discours plus conquérant la revendication d'une figure nouvelle des goûts érotiques et culturels.

Dans un autre conte, *Tawaddud la servante*, l'héroïne franchit victorieusement toutes les épreuves auxquelles la soumettent les savants de la cour du calife. Le conte fait ainsi l'inventaire du savoir et des idées revendiqués par l'islam; en n'admettant aucune compromission avec l'athéisme, ni avec la philosophie d'origine grecque, Tawaddud révèle les frontières de l'orthodoxie; mieux, en s'attachant à la cohésion communautaire plus qu'au principe de légitimité dynastique, elle manifeste son adhésion au sunnisme, pas au chiisme. Conte musulman par exellence, *Tawaddud la servante* est aussi un code élégant qui exprime une morale nouvelle. Les zones d'histoire que parcourent ces contes s'étendent ainsi, l'une par l'autre, jusqu'à couvrir le monde de l'Islam dans ses diverses manifestations. Dans *Sindbad le marin,* dans *Mohammed le paresseux,* figure une analyse du fonctionnement économique ou social; dans ce dernier conte, de critique politique, où la Fortune sourit au paresseux – mais le calife la lui soustrait –, c'est le rapport entre l'ordre politique et l'ordre économique qui est posé. N'est-ce pas là toute la morale de l'histoire?

La mémoire diffuse peut se nourrir aussi bien de *silences,* de ces creux qui se perpétuent à travers le temps. Ceux-ci peuvent aider à comprendre certains comportements, des attitudes sociales. Ainsi en va-t-il du silence tenu pendant des siècles entiers sur le paysan, sur son travail. Dans un article admirable, Jacques Le Goff a observé qu'en Occident les paysans sont absents de la littérature pendant près de huit siècles, durant tout le haut Moyen-Age. Alors que la société se ruralise, le paysan disparaît des textes des représentations, à moins de resurgir ultérieurement sous divers déguisements, et plus en tant que tel. Pourquoi cette absence? Parce que son travail, explique Le Goff, ne rencontre plus la faveur de l'idéologie qui règne en ce temps-là. Celle-ci, par son héritage gréco-romain, s'enorgueillit de l'oisiveté dans une société qui vivait du travail des esclaves; ou bien son héritage barbare privilégie le mode de vie militaire, les guerriers francs ou wisigoths tirant du butin l'essentiel de leurs ressources. Quant à son héritage judéo-chrétien, il met l'accent sur la primauté de la vie contemplative; lorsque saint Benoît exige dans la règle qui porte son nom la pratique du travail manuel, il s'agit d'une forme de pénitence. Dans l'art figuratif également, seuls le clerc et le guerrier sont représentés, méritent de l'être. Il faut attendre le XIIIe siècle pour que l'Eglise canonise enfin un paysan...

Ecartés et absents de la littérature et de l'art, les paysans réapparaissent d'abord comme païens, *pagani*, qui, même devenus chrétiens, demeurent des pécheurs. Ces *rustici* sont des ivrognes, des luxurieux, des lépreux et autres malades bientôt pauvres par privilège; quelquefois, ils n'ont même pas de nom. Ainsi, devenus anonymes et indifférenciés, « repoussoir de l'élite militaire ou cultivée, et fardeau de l'Eglise », les paysans possèdent un héritage très lourd, dont ils conservent les stigmates, même lorsqu'ils deviennent vilains, libres, « vicieux, dangereux, illettrés ». Le paysan intériorise-t-il ou non les traits dont les autres groupes sociaux l'ont affublé? Il demeure longtemps dangereux dans la mémoire des sociétés et lui-même tantôt cache la violence dont la société le crédite, tantôt, au contraire, il la revendique – et elle explose[26].

Autre cas : celui des œuvres à contenu historique explicite, mais qui empruntent la forme du théâtre ou du roman. Par exemple, l'œuvre de Shakespeare, ou plus précisément l'ensemble de ses pièces qui traitent du XVe siècle anglais. Jouées de façon constante depuis plus de quatre siècles, objets d'un nombre infini de travaux érudits ou critiques, elles substituent en permanence leur vision du XVe siècle anglais et français, à la fois aux témoignages des chroniqueurs contemporains et à la vision des historiens qui, depuis ce temps-là, analysent cette tranche privilégiée de l'histoire d'Angleterre. Peter Saccio a établi dans *Shakespeare's english kings* l'inventaire des distorsions opérées par le maître de Stratford-on-Avon : on imagine mal que cette « vérité » l'emporte un jour en Angleterre ou ailleurs sur la représentation de Richard II ou Henri V qu'a mise en scène Shakespeare[27]... *

Le même problème se retrouve pris à l'envers. La figure de Napoléon, par exemple, a exercé une telle fascination dans l'imaginaire des sociétés, notamment en Russie – où sa figure est plus présente qu'en France dans la littérature –, que l'on se représente mal quelle image de lui peut s'imposer. Car Napoléon a épousé toutes les formes possibles, écrit Sorokine : « Antéchrist, barbare, tyran, assassin de la Révolution, Prométhée de Sainte-Hélène, victime de la Sainte-Alliance, martyr méconnu, un des plus grands génies du monde, fantôme voguant vers la France sur un vaisseau fantôme, mystérieux envoyé du Destin venu en Russie pour la réveiller et lui montrer son chemin vers un glorieux avenir, fils de la révolution, comédien sans principes et avide de puissance, instrument d'une Fatalité historique, homme de l'Atlantide et de

* On va retrouver ce problème plus loin avec le cas du *Cuirassé Potemkine*.

l'Apocalypse, serviteur de la bourgeoisie, empereur des Français. » Tel un baromètre, il est ainsi successivement un tyran perfide chez les derniers classiques russes, un héros épique pour Pouchkine et les Romantiques, une donnée de la philosophie pour Dostoïevski ou Tolstoï, une preuve pour les marxistes; selon eux, son action confirme leurs thèses[28].

Aujourd'hui, avec le cinéma et la télévision, l'histoire connaît une nouvelle forme d'expression : comment le film historique, d'abord, le cinéma en général collaborent-ils à la formation de cette conscience de l'histoire?

Y A-T-IL UNE VISION FILMIQUE DE L'HISTOIRE?

Il existe plusieurs façons de considérer un film historique. La plus courante, héritée de la tradition érudite, consiste à vérifier si la reconstitution est précise, si les soldats français de 1914 ne sont pas, à tort, coiffés d'un casque, alors qu'ils n'en portèrent qu'à partir de 1916; à observer si les décors ou les extérieurs sont fidèles, les dialogues authentiques. La plupart des cinéastes sont attentifs à cette précision érudite; pour la garantir, ils appellent volontiers à leur aide des historiens-postiches, qui d'ailleurs figurent, égarés, dans quelque coin du générique. Naturellement, il est des cinéastes qui ont des exigences plus élevées : par exemple, ils jouent les historiens, vont aux archives eux-mêmes, restituant au dialogue sa saveur ancienne, utilisant si nécessaire le patois de Silésie ou de Normandie. Ils limitent au minimum la part de reconstitution pour prévenir tout effet de clinquant, de mauvais goût, par exemple en sélectionnant avec soin des extérieurs en décors naturels qui se sont peu modifiés depuis l'époque où l'action du film est censée avoir eu lieu. Ce sont de telles exigences qui, sans en exclure nécessairement d'autres, ont fait le renom de R. Allio, de Tavernier; aussi salue-t-on le talentueux savoir-faire de Bertolucci : dans *la Stratégie de l'Araignée,* un simple foulard rouge, une indéfinissable différence de luminosité, d'éclairage figurent le passage à un passé lointain, à un passé imaginaire.

Le regard positiviste n'exclut pas l'appel à d'autres critères de jugement. La réalisation de *Nevski* et de *Rublev,* par exemple, est due à deux artistes aussi attentifs l'un que l'autre à ces exigences : bien informés, d'une sensibilité aussi vive, également doués pour imaginer et recréer une époque dramatique, ils n'en ont pas moins ressuscité les mêmes moments de l'histoire (ou presque) en réalisant deux films qui ont une signification qui diverge sur un point essentiel, puisque dans *Nevski,* l'ennemi mortel est l'Allemand, et dans *Rublev,* le Tatar, le Chinois. Ici, ce qui sauve la Russie, c'est sa sainteté, son christianisme; alors que dans *Nevski,* le héros est volontairement laïcisé. De sorte que l'idéologie du film peut constituer un critère de jugement que l'on dissocie du savoir-faire du cinéaste – une évidence[29].

De fait, cette autre manière de voir interfère avec la première; souvent même, elle la supplante : le film historique est aussi bien apprécié dans son sens que dans son essence. Nul doute que durant ce dernier demi-siècle, dans une société dominée par les idéologies, ce regard-là a pu prendre le dessus. Il est évident qu'Abel Gance et Jean Renoir proposent deux versions contraires de la Révolution française : la première, bonapartiste et inconsciemment préfasciste, glorifie l'homme providentiel; la seconde, à la fois marxisante et populaire, ignore jusqu'à l'existence des « grands hommes ». Dans ce cas comme dans l'autre, le cinéaste sélectionne dans l'histoire les faits et les traits qui nourrissent sa démonstration, il abandonne les autres, se fait plaisir et fait plaisir à ceux qui partagent ses vues : par exemple, *les Sentiers de la gloire*, de Kubrick, sont construits suivant ce principe, la réussite de ce film témoigne que l'œuvre a admirablement répondu à l'attente de ceux qui partagent la foi antimilitariste.

Ainsi appréhendé, le film historique diffère peu des autres formes de discours sur l'histoire : roman historique, travaux académiques, etc. Même par rapport au théâtre, la spécificité du cinéma est minime; certes, elle intervient (angles de prises de vue, plans généraux, gros plans, fondus, utilisation plus élaborée du rapport entre le son et l'image, etc.). Certes, ces films aident à l'intelligibilité des phénomènes historiques et à la diffusion des savoirs sur l'histoire – et ils ont une vertu pédagogique. Mais ils interviennent peu en tant qu'apport *scientifique* du cinéma à l'intelligibilité des phénomènes historiques.

Ils constituent seulement la transcription filmique d'une vision de l'histoire qui a été conçue par d'autres.

Sans doute, par le choix novateur d'une intrigue particulière, il est des cinéastes qui ont été des agents de cette intelligibilité, alors que les formes traditionnelles du discours historique n'avaient pas su la rendre sensible. Visconti, par exemple, dans *les Damnés,* ouvre une voie royale à ceux qui veulent comprendre la pénétration du nazisme dans la haute bourgeoisie allemande. Dans ce cas, pourtant, la forme et la thématique choisies ont pour effet ou pour fonction de rendre opaque l'idéologie latente du film qui, elle aussi, vient d'ailleurs. Chez un Visconti, il s'agit d'une vision globale de l'histoire, en tant que décadence, chacune de ses œuvres constituant une élégie de tout ce qui, avec l'irruption du Nouveau, disparaît[30].

Il en va autrement de tous ces films qui, à partir d'un fait divers, exercent la même double fonction, qui n'est pas spécifique au cinéma puisque avant lui et parallèlement à lui, Zola, Camus ou Sartre avaient, comme Renoir, Rossellini, Godard ou Chabrol, procédé de façon similaire, en se servant du fait divers comme d'un révélateur du fonctionnement social et politique. Simplement le cinéma a exploité cette veine bien mieux que le roman, ou que les historiens, volontiers à la traîne; après l'avoir expérimentée au présent, le cinéma l'applique au passé. Il en va de même de toute une série de films qui, cette fois, parallèlement aux historiens, analysent la vie quotidienne des sociétés passées, de *l'Arbre aux sabots* à *Farrebique*, inaugurant en quelque sorte l'ère de l'histoire anonyme, celle qui subit les effets de la « grande » histoire, celle des effets des événements, de leurs tragiques conséquences.

De sorte que la fonction d'analyse, ou de contre-analyse, du cinéma ne s'exerce en propre qu'à plusieurs conditions. D'abord que les cinéastes, tels certains écrivains, romanciers ou historiens, se soient rendus eux-mêmes autonomes des foyers institutionnels en place – ce qui n'est pas le cas des réalisateurs de films dits de propagande – ou des courants idéologiques dominants – sinon leur action ne fait que compléter, sous une forme nouvelle, celle des foyers qui les émettent.

Ainsi, indépendamment du film spectacle de pure évasion, dont la fonction demeure pédagogique – depuis Cecil B. de Mille à Sacha Guitry – la principale distinction n'oppose pas les films dont l'histoire est le cadre, par exemple la Grande Illusion, et les films dont l'histoire est l'objet, par exemple *Alexandre Nevski,* car la vérité des approches en histoire est infinie. Elle opposerait plutôt les films qui s'inscrivent dans la coulée des courants de pensée – dominants ou minoritaires – et ceux qui proposent, à l'inverse, un regard indépendant, novateur sur la société. La même distinction se retrouve dans les films documents et les montages, les premiers apportant en outre à la connaissance historique un don inappréciable, des archives inédites.

La deuxième condition est évidemment que l'écriture procède du cinéma, pas du théâtre filmé par exemple, et que l'œuvre en utilise les moyens spécifiques (travelling, montage parallèle, champ, contre-champ.)

On peut ainsi distinguer plusieurs catégories de films d'histoire :

Ceux qui reproduisent les stéréotypes des courants de pensée dominants, ou dominés, et qui sont sans relation nécessaire avec les rapports sociaux réels. Par exemple les films dont l'action se situe aux colonies, comme l'ont montré J. Richards pour l'Empire britannique et S. Chevaldonne pour les anciennes possessions françaises; les films de propagande de toutes races, films qui exercent plus une action *sur* l'histoire qu'ils ne procèdent d'une analyse originale[31].

Ceux qui reconstruisent complètement une analyse à partir d'une procédure purement cinématographique : ainsi procède Eisenstein qui, dans *la Grève,* a réalisé une transcription filmique de l'analyse marxiste d'un mode de production capitaliste dans un cas particulier, une usine russe d'avant 1905.

Ceux qui à la fois procèdent à une analyse originale du fonctionnement social et historique, indépendante de toute appartenance, et qui, simultanément utilisent des moyens proprement filmiques pour l'exprimer; tel Fritz Lang, dans *M. le Maudit :* au travers d'une histoire d'un détraqué sexuel, il montre le fonctionnement de la république de Weimar.

Comme on le voit la nature de l'analyse est ainsi indépendante à la fois genre cinématographique (documentaire, reconstruction, reconstitution) et de l'époque où il se situe. Un film sur le présent peut mieux analyser le passé qu'une œuvre dite historique. Evidence.

Film et contre-histoire, le film, agent de l'histoire

Déjà on s'était aperçu qu'un film sur le présent constituait une œuvre d'histoire; ou plus précisément de contre-histoire pour autant que, fiction ou pas, une image est toujours dépassée par son contenu : ainsi elle n'est pas la simple reproduction du « réel », de ce que l'opérateur juge être la réalité. Les exemples sont nombreux! Analysant les films agricoles des années 1930 Ronald Hubscher observait que le cadrage systématique des mains, aux diverses étapes de la création du vignoble, répondait à la volonté de souligner la maîtrise du geste : or, savoir et technique inégalement partagés sous-tendent certaines formes d'organisation du travail que le film révèle bien involontairement. Cette contre-analyse peut s'effectuer à plusieurs niveaux : celui du musée des gestes, des objets, des comportements sociaux, etc., en premier lieu; celui des structures et organisations sociales, essentiellement dans les films non documentaires qui n'ont pas pour fonction d'informer. Enfin il existe des films où la volonté explicite de déceler les fonctionnements cachés d'une société – les aspects visibles constituent des éléments de l'histoire traditionnelle – aboutit à la réalisation d'une œuvre de contre-histoire qui dresse contre elle tous les systèmes institutionnels : organisations politiques et syndicales, ligues de morale, presse d'opinion, etc. De ce point de vue, des cinéastes comme Kulechov, F. Lang, René Clair, J.-L. Godard – pour se limiter au vieux continent – peuvent être considérés comme les véritables héritiers des romanciers du XIXe siècle, les grands historiens de leur temps. Plus que les précédents, certains ont sans doute eu conscience qu'ils disposaient d'un instrument exceptionnel pour accuser la dérision de l'histoire, proposer leur vérité : deux géants du cinéma, Abel Gance et Charlie Chaplin ont accompli une œuvre trop cohérente pour qu'on puisse en douter *. Tout cela est tellement vrai qu'aujourd'hui *le film constitue une forme privilégiée de la contre-histoire*; une forme plus qu'un foyer. Pas tellement le film qui figure parmi les grands du *Box-Office*, sauf, avec retardement et hors de chez eux, les grands films soviétiques des années 1920; mais le film à petits moyens qui, dans certains cas au moins, permet à un groupe de « prendre la parole ». Autrefois, à sa manière, face à « l'impérialisme et au capitalisme triomphants », lorsque les films soviétiques étaient interdits, l'œuvre de Joris Ivens a pu présenter ces traits, œuvre qui témoigne, dans *Borinage*,

* En réalisant *la Grande Illusion*, Jean Renoir a cru qu'il agissait *sur* l'histoire, dans le sens de la paix...

par exemple (1931). Ultérieurement, cette œuvre a changé de statut, puisque, aujourd'hui, tout l'appareil du parti, de l'Etat où la révolution triomphait, l'a transfigurée et que cette œuvre est ainsi devenue l'expression du discours officiel.

Aujourd'hui, face à la concentration dans la presse, ce sont les mini-organisations, les groupes mal structurés qui utilisent le film, tantôt œuvres militantes de cinéastes, tantôt films réalisés par la société elle-même. Tel est le cas de ce cinéma au féminin, du cinéma des immigrés; le cinéma des « régions » également, de la campagne française. De ce point de vue, l'œuvre de Troller et Defarge se situe aux confins du cinéma de la contre-histoire et d'un cinéma véritablement autonome : les premiers, ils ont donné la parole, du temps du shah, aux ayatollahs et aux habitants des bidonvilles de Téhéran; les premiers, ils ont laissé s'exprimer *la Colère corse* (1974). Rares ont été les écrans qui ont autorisé le passage de leurs images (l'Allemagne fédérale, par exemple), les radios ou les écrits qui leur ont fait écho. Les films militants des mouvements féministes ont pu bénéficier d'un accueil plus large, précisément parce que des mini-organisations les sous-tendaient[32].

Mais les grandes œuvres filmiques de la contre-histoire proviennent naturellement des sociétés où le régime politique ne laisse pas à l'histoire sa liberté et où pour s'exprimer, elle prend une forme cinématographique. Ainsi, à sa façon, le cinéma polonais utilise l'histoire pour mieux exprimer la dissidence de la société :

comme le montre bien L. M. Rawicki, la Seconde Guerre mondiale constitue un observatoire privilégié pour faire la critique globale du régime; or, le nombre de films qui l'utilisent comme cadre ou comme objet atteint le tiers et le quart de la production totale de films, record européen. En U.R.S.S., où la place de l'agit-prop a été prise par la télévision, le film s'émancipe avec hardiesse, le problème est de savoir comprendre comment il a été possible de produire tant d'œuvres, souvent interdites à la sortie, autorisées ultérieurement, dont *Rublev* fut le prototype. Le cinéma géorgien, et celui de Iosclanni en particulier, pose un problème à cet égard, car son œuvre se situe à mi-parcours de la contestation et de la dissidence...

Autres lieux où le film constitue une forme privilégiée de la contre-histoire, l'Afrique noire. La main des historiens y tremble de peur avant d'oser évoquer les forfaits perpétrés non par la colonisation, ce qui est l'usage, mais par l'Islam, et l'esclavage arabe en particulier; or, la main du cinéaste Sembène Ousmane n'a pas tremblé, quand sa caméra assimile l'Islam triomphant du XVIIIe siècle à une espèce particulière de totalitarisme contre lequel luttent et meurent les *Ceddo*.

Dans un contexte différent, la main des cinéastes indiens d'Amérique latine ne tremble pas non plus pour dire, dans *le Sang du Condor*, « le combat de deux forces qui caractérisent la réalité nationale bolivienne : le peuple en quête de la vie et l'impérialisme qui donne la mort ». Aux

Etats-Unis, *Native Americans on film and video* établit l'inventaire des films de la résistance indienne. Il en existe une trentaine environ, produits pour la plupart depuis 1968, indépendamment des films réalisés sur les Indiens, mais par des anthropologues. Ils apportent un complément à la contre-histoire écrite, dont la diffusion est moindre, vu la position actuelle et la situation des tribus et nations indiennes des Etats-Unis et du Canada. Un des plus importants parmi les films est sans doute *The Black Hills are not for sale,* de Sandra Osawa, réalisé en vidéo, qui montre comment le général Custer a violé le traité de Laramie conclu avec les Sioux en 1868, et comment, en 1978, les Sioux ont obtenu en partie réparation[33].

Ce n'est pas un *western*...

L'exemple de l'ensemble du cinéma américain permet de vérifier la relation qui peut exister entre la vision de l'histoire qui diffuse le savoir traditionnel et celle qu'énonce la représentation des films : elles ne concordent pas nécessairement.

Aux Etats-Unis : cinéma et conscience de l'histoire

La conscience de l'histoire qu'exprime le cinéma aux Etats-Unis pose une question d'autant plus pertinente que, dans ce pays, le film a joué un rôle essentiel dans la vie sociale et culturelle, que pendant une longue époque où des émigrés de tous les horizons ne parlaient pas encore bien l'anglais, le cinéma muet a pu offrir à chacun des spectacles et représentations accessibles à tous les publics.

Le problème est de se demander si au cinéma se retrouvent les mêmes représentations du passé que dans le discours historique écrit : récits, manuels scolaires, romans[34] : on observe qu'il s'y répercute avec des modifications variables les grandes visions qui ont successivement dominé la vie américaine. Mais en réalité, ces différentes représentations ne se sont pas non plus exactement succédé, elles se seraient plutôt superposées les unes aux autres, stratifications plus ou moins anciennes dont les affleurements peuvent aller jusqu'à aujourd'hui et que le film reproduit ou met en cause.

Première stratification : aux Etats-Unis, les premières visions de l'histoire, antérieures à l'apparition du cinéma, portent la marque de l'idéologie chrétienne, mais, comme il se doit, de l'idéologie chrétienne *protestante*. Dans les premiers livres d'histoire écrits aux Etats-Unis, tel celui de l'Anonyme du Massachusetts édité en 1823 aux éditions John Prentisse, l'accent est mis sur la supériorité de l'Amérique protestante comparée à l'Amérique espagnole. Le retard de celle-ci serait dû « à la superstition et à l'ignorance de son clergé ». La preuve de la supériorité du Nord protestant sur le Pérou catholique est que « Philadelphie a déjà deux fois plus d'habitants que Lima fondée 150 ans plus tôt ». Déjà l'auteur du livre calcule que les Etats-Unis auront en 1960... 462752896 habitants. Il explique que les Etats-Unis seront bientôt un paradis que les

Yankees auront construit « à la sueur de leur front ». Comme on le remarque l'histoire et le mythe sont déjà associés, l'Espagne et la catholicité représentent l'archaïsme et le mal.

Cette tradition anti-espagnole se retrouve dans toute une série de films, les films de corsaires, les films dont l'action se passe en Floride, tel *Distant Drums;* les prototypes remontent au début du cinéma : un des plus célèbres est sans doute *The Sea Hawk*, de Michael Curtis, avec Eroll Flynn. Réalisé durant les années 1940, *The Sea Hawk* se situe à l'époque de la reine Elisabeth et représente des Anglo-Saxons ouverts et sympathiques, alors que les Espagnols sont cruels, pieux et incompétents. *The Sea Hawk* révèle une sorte de *lapsus :* alors qu'aujourd'hui on sait bien qu'en matière de pillage des Indiens, les Anglais et les Espagnols ont agi de même, Eroll Flynn, en capitaine Thorpe, accuse fièrement l'infante d'Espagne : « Vous avez volé aux Indiens tous ces bijoux »... Le deuxième trait de cette représentation du passé est ainsi cette identification à l'Anglais, bien qu'on lui ait arraché la liberté; de fait, rares sont les films qui évoquent la guerre d'Indépendance, alors que le nombre de ceux qui évoquent la guerre civile est infini.

L'idéologie de la guerre civile constitue en effet la *deuxième stratification* de la vision du passé. Née à la fin du XIXe siècle, elle prend rapidement et pour toujours le pas sur la précédente. A cette extrême fin du XIXe et du XXe siècle, deux visions de l'histoire et de la politique s'opposent violemment. On observe que Griffith, qui appartient à cette génération, justifie la tolérance (religieuse) dans *Intolérance* à une époque où il y a des centaines de films soit en faveur de la tolérance, soit contre; certains, pour la guerre de Cuba, d'autres pacifistes, pour les Nordistes, ou au contraire pour les Sudistes. De ce point de vue un film de 1903 est significatif, *la Case de l'oncle Tom,* d'Edison. Reprenant les thèmes de ce roman fameux, le film montre le vieux serviteur rejoignant au ciel sa petite maîtresse Eva qu'il avait tant pleurée. Celle-ci est devenue un ange devant qui se déroulent les grands moments qui *divisèrent* les Américains : Jefferson contre Hamilton, la guerre de 1812, Lincoln et son assassinat. Dans d'autres films, tels que *In Old Kentucky* (1911), *Barbara Fritchie* (1911), *The Coward* (1914), les conflits de l'histoire des Etats-Unis constituent l'objet du film. Ce sont des films accusateurs qui se placent tantôt dans un camp, tantôt dans l'autre.

On observe qu'après la Première Guerre mondiale, il n'y aura plus guère de ces films accusateurs portant sur l'histoire passée; désormais, lorsqu'il y aura mise en cause, celle-ci porte seulement sur le présent.

Le passage de l'idéologie de la guerre civile à l'idéologie du *melting pot* (qui correspond à la troisième stratification) se décèle dans les films et les écrits consacrés précisément à la guerre de Sécession. Jusque-là, on insistait sur les causes de cette guerre, ce qui suscitait un désaccord; désormais on observe plutôt les *effets* de la guerre civile, considérés comme désastreux pour le pays tout entier. C'est en ce sens que la guerre civile devient, en quelque sorte, l'acte fondateur de l'histoire des Etats-Unis, en passe d'effacer ce qui précède et en particulier la guerre d'Indépendance. En tant que tels, au cinéma, les Noirs disparaissent ainsi de la grande histoire; ils ne sont présents que dans les *musicals* ou les romans. On note, à l'inverse, que les Indiens, que l'historiographie ignore, font, pour leur part, leur apparition massive dans les films.

Pendant cette période de transition, les films sur la guerre civile qui abordent de front les antagonismes réels constituent des échecs commerciaux : par exemple, *The Crisis* de Selig et Churchill; même échec de *So red the rose*, pourtant de King Vidor, qui exprime le ressentiment des Blancs contre Lincoln. Un autre film de mise en cause, *Red Badge of Courage*, fut, lui aussi, durant les années 1950, un échec commercial.

Le seul film qui abordait les problèmes historiquement délicats, et qui eut du succès, fut *Autant en emporte le vent*. On observe toutefois que ce film ne met en scène *aucun* des grands protagonistes de la guerre civile : ni Lincoln, ni Lee; on ne reconstitue aucune vraie bataille et les drames de la guerre, tel l'incendie d'Atlanta, sont évoqués, certes, mais pour stigmatiser la guerre en tant que telle, plus que pour s'en prendre à l'une des deux coalitions. Il s'agit d'une œuvre de réconciliation nationale, où tous les angles politiques sont gommés au bénéfice de héros individuels qui n'incarnent aucun idéal politique particulier : ni Scarlett, ni Rhett Butler.

Un autrc grand versant de cette représentation du passé concerne l'intégration harmonieuse des immigrants, la conquête, puis le développement du Centre-Ouest et de l'Ouest qui l'accompagnent : *An American Romance* de King Vidor est le type même de ces films édifiants.

Cette troisième stratification est ainsi à la fois celle de l'idéologie du *melting pot* et de la réconciliation nationale; *Autant en emporte le vent* et *An American Romance* en incarnent l'esprit. Durant cette période qui naît avec l'entrée en guerre des Etats-Unis en 1917, toute critique, toute mise en cause du passé plus encore que du présent deviennent « *unamerican* ». John Ford représente admirablement cette vision conformiste de l'histoire où sont glorifiées toutes les institutions américaines : les forces armées dans *le Massacre de Fort-Apache*, la famille traditionnelle dans *Qu'elle était verte ma vallée*, même si l'action se passe en Irlande, le triomphe de la loi sur les hors-la-loi dans *L'homme qui tua Liberty Valance*. Sa *Jeunesse de Lincoln*, sorte de panégyrique du héros fondateur, est apparemment un film totalement apolitique, ce qui, tout de même, est paradoxal. Dans l'œuvre de Ford, seuls posent des problèmes sur la société américaine *les Raisins de la colère*, mais la responsabilité repose sur la crise de 1929 plus que sur les dirigeants américains. Quant aux gangsters, et aux films que leur apparition suscite, ils doivent leur existence à la prohibition et au chômage... Cet esprit conformiste s'étend jusqu'à l'étranger lorsqu'il est mis en scène : sur la guerre d'Espagne, par exemple, le film de Sam Wood, *Pour qui sonne le glas*, réussit, bien que tiré d'Hemingway, à être sympathique à la fois aux franquistes et aux républicains. Les films sur le nazisme ou le communisme s'accommodent des régimes qu'ils condamnent en donnant au récit la forme d'une comédie pleine d'humour; on pense aux œuvres de Lubitsch, *Ninotchka* et *To be or not to be*. Les grands drames historiques du passé peuvent être amplement récupérés par la société américaine, car les producteurs les vident de toutes les allusions qui *pourraient diviser* les Américains : *les Dix Commandements* de Cecil. B. de Mille chantent la libération des Juifs; *Ben-Hur* et *Quo vadis* glorifient la naissance du christianisme.

Certes, il y a quelques contestataires parmi les gens qui écrivent l'histoire ou font des films sur la société. Tous ne dés-historicisent pas l'histoire; tous n'écrivent pas une histoire sans histoire. Il en est qui désignent l'ennemi du doigt. Par exemple, ceux qui stigmatisent ce qui menace l'Amérique, les Jaunes, le péril jaune : longue tradition qui commence avec des films anti-chinois (vers 1929), à une époque où la Chine incarne la révolution démocratique, le désordre (à ce moment-là, le Japonais représente l'ordre et le progrès). Cette tradition se poursuit jusqu'à Dmytryk : dans *Behind the rising sun* – mais c'est à l'impérialisme japonais qu'il s'en prend, et à la civilisation autoritaire qui en est à l'origine et menace les valeurs américaines.

Les nazis constituent un autre péril, violemment stigmatisé lui aussi, mais seulement après le début de la Seconde Guerre mondiale. Les films antinazis sont souvent l'œuvre d'immigrés allemands ou autrichiens tels W. Dieterle, H. Shumlin, etc.; (on note en passant que, menacées par le nazisme, la France et l'Angleterre n'ont pas laissé aux cinéastes la possibilité de produire des films antinazis : l'Amérique, si).

Bien que la grande crise de 1929-1932 nourrisse le scénario de films des années 1930, historiens et cinéastes qui critiquent fondamentalement le fonctionnement de la société américaine sont peu nombreux durant cette époque qui va de 1917 à la fin des années 1950, qu'ils soient d'esprit « populiste » ou « new deal ». Toutefois, la critique apparaît, ironique ou perverse, au travers des grandes œuvres comiques du cinéma américain, de Chaplin aux Marx Brothers. La même critique, très minorée, peut transparaître dans certaines comédies, notamment celles de Preston Sturges, tandis que les films de Frank Capra, au contraire, sont très récupérateurs et s'identifient totalement au système américain, toujours légitimé et finalement glorifié (cf *Mister Smith au Sénat*). Il n'est pas surprenant que lorsque la guerre éclate, Roosevelt ait fait directement appel à Capra pour animer la production des films patriotiques, *Pourquoi nous combattons*, et d'autres qu'il supervisa.

Cette période, qui va de 1917 à la Seconde Guerre mondiale, se perpétua encore quelques années; vainqueurs, les Américains avaient de bonnes raisons pour mettre leur succès au crédit de leur système et de leur vision du monde. Furent jugés suspects, à l'époque de Mc Carthy, des films qui, précédemment avaient glorifié même les alliés de l'Amérique, par exemple l'Union soviétique. Furent inquiétés aussi des cinéastes qu'on accusait d'avoir poussé l'Amérique à la guerre, moins par haine du nazisme que par solidarité avec le communisme. Cette période de l'immédiat après-guerre, et qui coïncide avec le début de la guerre froide, est celle où il existe une idéologie *officielle*, obligatoire. Le seul moment de l'histoire du cinéma américain où toute mise en cause fut identifiée à une trahison. Dans ces conditions on comprend que les cinéastes aient dû s'évader vers des secteurs « à l'abri » : les comédies musicales, le western et revenir vers les films de gangsters « dont le crime ne paie pas »; ou vers les films sur la Bible, l'Antiquité, l'Empire romain, archétype de l'Empire américain. Il faut attendre *Spartacus* de S. Kubrick (1960) pour que la révolte, la révolution soient glorifiées.

Quatrième stratification. Pourtant l'idéologie du *melting pot* et la glorification de la démocratie américaine ne pouvaient satisfaire tout le monde. Cette analyse du système américain correspondait, certes, aux exigences de ces milieux dirigeants et de ces secteurs dominants, ceux qu'on appelle les W.A.S.P., c'est-à-dire les *White Anglo-Saxon and Protestant.* De fait, les non White, les Italiens et les Slaves, les catholiques, les juifs aussi, se trouvaient être exclus de l'*establishment* américain. Ceux-ci furent les premiers à mettre en cause l'idéologie du *melting pot* et l'autosatisfaction du système dirigeant. Charlie Chaplin montre avec amertume et humour la cruauté de cette société, l'image dérisoire qu'elle offre à sa bonne conscience. A leur manière, juifs eux aussi, les Marx Brothers, ultérieurement Jerry Lewis et Woody Allen, utilisent le rire et l'humour, seuls procédés autorisés pour critiquer *l'establishment.*

Toutefois, en tant que groupe social ou ethnique, les premiers à agir furent les Noirs pour qui le discours officiel sur la démocratie américaine était plus qu'une dérision, une contre-vérité insupportable. Ils n'avaient pas été longs à observer d'ailleurs que dans le cinéma américain, ils jouaient le rôle de domestiques ou de chanteurs, le plus souvent demeurés. C'est ainsi que naquit, dès 1920, un cinéma noir de contestation qui essayait de montrer une vision « noire » de la société américaine : *The birth of a Race,* de 1920, fut en quelque sorte le premier *contre-film* de l'histoire du cinéma américain. Il fut suivi de beaucoup d'autres, tels que *The Right of Birth, While Thousands cheer,* etc.; mais cette première vague de contre-films noirs n'eut aucun succès, même chez les Noirs, parce qu'ils les représentaient comme tellement honnêtes, justes et vertueux que ces films suaient l'ennui et la morale et n'attiraient pas les spectateurs.

C'est seulement la deuxième vague de films faits par les Noirs, durant les années 1970, qui eut du succès, car elle associait le spectacle, la violence et la revanche raciale : femmes blanches s'abandonnant aux mâles noirs et les préférant aux Blancs; mâles blancs ne trouvant le bonheur qu'auprès d'héroïnes noires, etc. Les Noirs furent ainsi les premiers à incarner une nouvelle vision de l'histoire opposée à l'idéologie du *melting pot*, et qu'on a appelée l'idéologie du *salad-bowl*[35].

Désormais chaque groupe ethnique et culturel glorifie son identité, et légitime sa raison d'être. A la suite, ou parallèlement aux Noirs, aux Indiens, d'autres minorités ont suivi la même route, notamment les juifs avec les films yiddish, le regard toutefois est ici plus ethnographique, il n'y règne pas d'esprit contestataire.

Mais surtout les contraintes subies au lendemain de la Deuxième Guerre mondiale apparaissent inadaptées dès lors que de nouveaux groupes sociaux, tels les *Jeunes*, contestent avec force l'hypocrisie de la famille américaine, du *home*, de la petite ville, dont la glorification avait constitué le leitmotiv quasi obligatoire des années de guerre, depuis *Cur Town*, de Sam Wood, jusqu'à *Since you went away*, avec J. Jones, *Claudia*, un grand succès – puis de l'immédiat après-guerre.

Déjà quelques signes d'un retour à une vision critique étaient apparus dans les films sur la guerre où le fonctionnement de l'armée, son fameux esprit démocratique, avaient été singulièrement mis en cause à une époque où l'armée apparaissait comme intouchable. *Tant qu'il y aura des hommes*, de Fr. Zinnemann, 1953, couronné par quinze prix, évoquait, avec courage pour l'époque, les sévices dont on peut être victime dans l'armée américaine où, bien sûr, le bon droit finit par l'emporter. Toutefois, plus que l'institution militaire, ce fut la famille, comme on l'a dit, qui devint l'objet privilégié des attaques du monde des jeunes, et que glorifia le cinéma : depuis *l'Equipée sauvage*, en 1952, *la Fureur de vivre*, et d'autres films avec James Dean, on ne compte pas les œuvres jusqu'à *Bonnie and Clyde* qui expriment la révolte des jeunes, la condamnation de l'hypocrisie du mariage, etc.

A lui tout seul, Elia Kazan est sans doute le cinéaste qui a écrit la contre-histoire la plus systématique de la société américaine et de ses mythes : depuis *Sur les quais* jusqu'aux *Visiteurs*.

Après la critique des militaires, de la famille ou de la presse (cf. *le Gouffre aux chimères*), c'est le racisme dont sont victimes les Indiens, et la ségrégation sociale que subissent les femmes qui sont l'objet de toute une série de films contestataires, depuis *Haines* de Losey jusqu'au *Sel de la terre* de Bibermann, qui intègre dans son œuvre à la fois la lutte des classes, la lutte pour la liberté indienne et le combat pour la libération de la femme. Il n'est pas jusqu'aux westerns dont le signe idéologique se retourne désormais, notamment lors de la guerre du Viêt-Nam, l'Indien figurant la conscience meurtrie du citoyen et l'Américain, le conquérant impérialiste sans foi ni loi.

Or, tandis que dans l'enseignement, le roman, le théâtre s'exprime l'identité culturelle et historique des *Non-Wasp*, que ce cinéma critique expose également, la contre-histoire de la société dominante, *wasp*, est analysée à travers le cinéma et bien plus fortement qu'à travers le roman ou l'école. C'est également le cinéma qui, par le double mouvement de retour au film-catastrophe et au film de science-fiction (en compagnie du roman, cette fois-ci) signale lors de la crise de 1929 comme après celle de 1973, cette apparition d'une nouvelle vision de l'histoire, telle que l'avenir la dessine.

Ainsi on assiste à un retournement et à un éclatement complet de la vision de l'histoire, cet apogée se situant à la fin des années 1960 et durant les années 1970. Le film exprime admirablement ce mouvement que l'on retrouve aussi bien dans la littérature, dans l'enseignement de l'histoire que dans la vie politique. Plus que jamais l'Amérique s'interroge sur elle-même depuis la guerre du Vietnam : cette interrogation est un signe de liberté, une sauvegarde contre un retour au conformisme et à l'uniformité satisfaits du deuxième tiers du XXe siècle[36].

Deuxième partie

CLIO, ENTRE LE DOCTEUR MARX ET LE DOCTEUR KNOCK

CHAPITRE PREMIER

Pour une histoire autonome

La conscience historique qui sourd des différents foyers qui la produisent, cette conscience est-elle l'histoire? Certes, elle en constitue une représentation et définit l'identité d'un groupe, d'une nation, d'une société; elle n'en demeure pas moins seulement une représentation particulière que ne partagent pas nécessairement les autres groupes sociaux ou politiques. Le vocabulaire d'un document n'est rien d'autre qu'un témoignage, disait déjà Marc Bloch.

En outre, qu'elle émane des institutions, de la société ou de leur nécessaire interférence, cette conscience de l'histoire subit, comme il a été dit, un certain contrôle dont la nature et la rigueur sont liées à la fois à la culture et au régime qu'une société s'est attribués – ou qu'elle subit.

Dans ces conditions, de même qu'il existe des penseurs, des romanciers, des cinéastes – comme on l'a vu – qui ont eu pour projet de dire leur vision du monde de façon indépendante, il existe également des historiens qui se sont efforcés de procéder à une analyse du passé, de ses relations avec le présent, en essayant à la fois de se libérer de ces contrôles, de se rendre *autonomes* et également d'étayer leurs analyses sur des fondements ou des démonstrations *irréfutables* – de se libérer, par conséquent, aussi de la philosophie –, en ne limitant pas l'histoire à l'étude des représentations.

Bref, ils ont voulu fonder une histoire à la fois politiquement et socialement autonome – scientifiquement également. D'autres, ensuite, ont voulu en faire un enseignement.

Au XXe siècle ce projet n'est pas entièrement nouveau. Déjà, à l'époque de la Renaissance, La Popelinière se proposait d'écrire l'histoire « parfaite », c'est-à-dire à la fois élargie à toutes les sociétés et reconnue exacte par chacune d'entre elles. Au XVIIIe siècle, évoquant le parti pris de Voltaire historien, Montesquieu jugeait qu'il écrivait « pour son couvent ».

Or, cette exigence d'« objectivité » n'est pas seulement le fait des historiens. Dépasser l'approche des représentations et chercher les lois et les principes du développement des sociétés a été l'objectif de tous ceux qui, simultanément, ont essayé de dissocier le pouvoir du monarque des droits que confèrent la naissance ou le sacre : juristes, philosophes, etc. Depuis le XVIe siècle, ils ont fait accomplir à la connaissance des sociétés des progrès fabuleux; à cette époque, ces travaux n'étaient pas dissociés, comme aujourd'hui, de la connaissance des phénomènes physiques ou naturels. Léonard de Vinci, comme Bayle ou Diderot pratiquaient simultanément ce que l'on dénomme aujourd'hui les sciences exactes et les sciences de l'homme.

De sorte que les projets d'analyse du corps social, de son histoire, ceux qui concevaient l'analyse de la nature et du corps humain progressaient avec le même outillage, les mêmes concepts, les mêmes métaphores – tout en se voulant indépendants des idées toutes faites, de l'idéologie, des différentes visions du monde.

UNE HYPOTHÈSE DE DÉPART

Nous voudrions nous arrêter un instant sur l'un des aspects de ce problème qui, selon nous, est central. Il suggère en effet une hypothèse : que, pour se rendre autonome du pouvoir du Prince et de l'idéologie, l'ordre « scientifique » aurait adopté des modes de fonctionnement similaires dans des activités aussi différentes que l'analyse historique, la réflexion politique, les sciences sociales, la recherche médicale; que, face au pouvoir, l'ordre médical, l'ordre scientifique, l'ordre historique auraient eu des comportements comparables, et qui auraient abouti à la fois à l'institutionnalisation d'une profession et à l'établissement d'une discipline.

Si elle était vérifiée, cette hypothèse pourrait éclairer certaines des voies que la « science historique » a prises depuis un siècle et expliquer comment et pourquoi elle les a suivies. Cette hypothèse interroge ainsi à la fois la profession d'historien, telle qu'elle s'est instituée, et d'autres activités sociales ou scientifiques : celles du médecin, du militant-homme politique, qui est un professionnel aujourd'hui. Elle permet de rendre intelligibles quelques-uns des changements que la pratique historique a connus depuis un demi-siècle et de comprendre comment il a pu se développer une école d'historiens qui voulaient se rendre à la fois indépendants du pouvoir et dépasser les représentations de la société; de comprendre aussi quels ont été les effets de ce mouvement.

Au reste, cette analogie et cette ressemblance entre des comportements socioculturels à objectifs différents, Lénine les avait énoncées en répétant volontiers « qu'il était aussi vain de vouloir soigner la société de ses maux que de prétendre guérir un malade sans avoir étudié la médecine »...

HISTOIRE, MÉDECINE, POLITIQUE

Cette métaphore de Lénine interpelle directement l'historien dont un des objectifs est également d'analyser le fonctionnement des sociétés. Tel l'homme politique, l'historien exerce-t-il une activité comparable à celle du médecin? Se le demander est sans doute un exercice d'école : le justifient pourtant quelques similarités troublantes.

En effet, ces trois activités prétendent chacune à des prééminences : ainsi la médecine sert volontiers de caution morale aux sciences physiques, « comme la Croix-Rouge et l'Institut Pasteur l'étaient pour la colonisation[1] », elle a toujours cherché à les utiliser quitte à s'humilier plusieurs fois devant ses rivales, par exemple, à l'époque de Pasteur, devant la chimie. Hier encore l'histoire mettait à son service la paléographie, la numismatique, qu'elle dénommait « sciences auxiliaires »; aujourd'hui elle utilise et exploite les sciences de l'homme, et pour se justifier se dit fédérative, « elle se veut parole noble, qui efface la trace de ses auxiliaires » (de Certeau). Quant à la politique, devenue une profession elle aussi, telle la médecine et l'histoire, sa volonté hégémonique a marqué tragiquement le XXe siècle en son entier.

A cela s'ajoute une autre constatation : sur un siècle ou deux ces activités ont eu des formes parallèles d'évolution, au reste pas nécessairement synchrones : en repérant ces corrélations on pourrait vérifier si, oui ou non, quelques caractéristiques de la recherche historique ne sont pas ainsi décelées.

D'autant plus que cette confrontation n'est pas aussi insolite qu'il paraît. Polybe, déjà, avait comparé la pratique de l'historien à celle du médecin, notant que l'un et l'autre collectent des indices, des signes, qu'ils disposent suivant un ordre chronologique, l'anamnèse du patient. En outre, notait Polybe, le médecin dit au patient ce qui le réconforte; n'est-ce pas également ce que fait souvent l'historien qui exerce à sa façon une fonction thérapeutique; ne dit-il pas, comme l'homme politique, à chaque société, le discours qui la valorise...[2]. La société, est-ce notre malade?

Devant l'homme politique, le citoyen n'a guère plus droit à la parole que le patient devant son médecin. Comme le médecin, le politique ne retient du citoyen, son patient, que des messages élémentaires : « Je souffre, – de salaires trop bas, de conditions de travail inhumaines », qu'il convertit en un langage savant à partir de symptômes qu'il a décelés grâce à des moyens inutilisables par le citoyen lui-même : rythme de croissance, taux d'accroissement de la plus-value. De sorte qu'à la façon du médecin, l'homme politique est assimilé par le citoyen-patient à un homme de science, doté d'une compétence brevetée. L'homme politique est ainsi jugé à même de définir le *régime* qui convient à une société, à indiquer à chaque groupe la norme de ses besoins. Au reste, le XIXe et le XXe siècles abondent en caricatures, de *Punch* à Daumier et à *l'Assiette au beurre,* qui assimilent les dirigeants politiques à des médecins, la société à une patiente, la politique à une médecine; une métaphore qui est devenue un lieu commun. Mais les lieux communs ont leur valeur.

Vivace depuis longtemps – depuis les Grecs – pareille métaphore prend corps dans une vision globale qui rend possibles ses transfigurations. Elle répond « au besoin d'interprétation du plan humain dans l'univers, à une tentative de la culture pour éviter là dissociation entre le savoir et le sens, entre la science, la religion et la vie critique[3] ».

De fait, au temps de la Cité grecque, médecine et politique ont déjà, d'un certain point de vue, un statut similaire. Ainsi à Athènes, lors du passage « d'une société dominée par la force à une société organisée selon la raison », la Cité soumet ses décisions à l'assemblée des citoyens. Devant celle-ci, on débat des problèmes politiques, certes, mais s'y décide également le choix entre les diverses thérapeutiques des maladies qui concernent la collectivité, – une épidémie, par exemple –; la nomination d'un médecin est conçue comme un choix *politique*, soumis à un débat. Derrière cette procédure une idée latente traverse le champ social : l'idéal de la Cité implique que tout citoyen soit un patient, tout patient un citoyen qui donne son opinion à la fois en matière politique, mais aussi dans tous les champs de la vie : médecine, justice, éducation...[4].

Ainsi, tel un discours politique, le discours médical doit être public, accessible à tous, compris de chacun, détaché de tout mystère – l'inverse de ce qui se passe aujourd'hui. Il va sans dire que cette attitude des Grecs n'a rien de commun avec celle de la médecine libérale contemporaine qui, depuis le milieu du XIXe siècle, s'est fait le chantre du « libre choix » du praticien par le patient; elle n'a pas non plus de rapport, en démocratie représentative, avec le « libre choix » de l'élu par les citoyens. Car dans les deux cas, entre la société et ses « élus », un organisme de contrôle s'est institué, *Ordre ou Parti, constitué par des professionnels*, qui possède un savoir particulier. Cette institutionnalisation se retrouve aussi bien en médecine qu'en politique.

Or, à travers les temps, au moins une de ses figures est relativement récente : l'identification de ses personnages clefs à des hommes de science. De fait, cet organisme a bien pris peu à peu ses distances vis-à-vis de l'objet de sa pratique comme il se produit dans toute science. En médecine, le praticien est passé d'une connaissance immédiate à une connaissance médiate de ses objets, les patients, en ne se fiant plus seulement à ses sens, à la perception. La médecine a imaginé des concepts, des figures, établi une nomenclature de cas, de maladies. Dans une situation extrême qu'imagine Jules Romains avec ironie, il revient au médecin, dépositaire de la science, le docteur Knock – et pas au patient – de définir ce cas, son état, de déterminer s'il est bien portant ou s'il est malade. Ce dessaisissement marque le « triomphe de la médecine ».

En politique, pour juger de l'état, non plus du corps humain, mais du corps social, pour le mener sur la voie du progrès, les membres de l'organisation examinent eux aussi la conduite de leurs adhérents – les électeurs. Dans un cas extrême, au début du XXe siècle, il en est qui se demandent si les citoyens sont vraiment bien habilités à choisir eux-mêmes leurs élus, leur parti politique. Parmi les théoriciens politiques, Lénine, le premier a posé clairement la nécessité « scientifique » d'une telle procédure; se méfiant de la « spontanéité » du citoyen, il a montré dans *Que faire* que, chez les travailleurs, la conscience de classe ne saurait provenir que de l'extérieur, du parti qui l'incarne et qui possède le savoir. Des marxistes, tel G. Zinoviev, se sont demandé si ce n'était l'appartenance à une classe qui devait décider de l'adhésion à un parti politique et non le libre choix du citoyen. Bientôt, mettant en cause l'appellation de son parti, social-démocrate, Boukharine jugea que ses membres étaient « trop démocrates, pas assez socialistes ». Incarnation de la conscience de classe, le Parti n'a pas à suivre les pulsions spontanées du groupe. En médecine, le médecin suit-il les prescriptions du patient?

De sorte que l'on constate ce retournement : alors qu'à l'époque grecque les soins à apporter au corps humain et les mesures destinées au corps social se décidaient démocratiquement, – au XXe siècle, au contraire, entre le patient et son médecin, entre le citoyen et son élu, la relation s'est entièrement retournée : elle s'est inversée. Dans l'entre-deux, l'ordre médical et l'ordre politique se sont interposés.

Entre la façon de faire des Athéniens et celle, aujourd'hui, de certains de nos contemporains, comment s'est opéré le retournement et de quand date-t-il? Il se situe sans doute à l'époque de la Renaissance lorsque, parallèlement, le pouvoir et le savoir se sont détachés du sacré. Les savants ont fondé une méthode identique, dite scientifique, appliquée également à leur connaissance de la nature, du corps humain, du corps social également; au moment, du reste, où ils laïcisent l'histoire, elle aussi.

Depuis Francis Bacon au moins, observation, nomenclature, classification, comparaison, calcul constituent les phases nécessaires de la procédure scientifique, qu'il s'agisse des sciences de la nature, de la vie ou des sciences dites morales. On applique à l'étude du corps humain, du corps social, des concepts et des théories similaires à l'exemple de ce docteur Lettson qui compare les mécanismes de la circulation de l'air, de la circulation du sang, de la circulation des biens[5].

Ultérieurement, au début du XIXe siècle, les idées d'expérimentation l'ont emporté sur les visions du monde, or, on observe une certaine simultanéité de comportements : c'est au moment où Claude Bernard expose les principes de la médecine expérimentale, au moment où le laboratoire prend le pas sur la clinique, faisant son expérimentation loin du corps du malade, que les phalanstères se créent, constituant les premières expérimentations sociales opérées loin du corps social, *in vitro* si l'on peut dire, en Amérique. Ainsi, ni le mode d'approche ni le champ des différentes sciences n'a encore complètement éclaté.

Au reste, lorsque Karl Marx achève le manuscrit du *Capital,* il en envoie un exemplaire à Charles Darwin qui n'est pas un idéologue, un théoricien politique, mais un savant, spécialiste des sciences de la nature. Engels s'en est expliqué sur le fond : « De même que Darwin découvrit les lois d'évolution de la nature, Marx découvrit celles de l'évolution des sociétés humaines[6]. » Le concept de lutte des classes était ainsi l'homologue du concept de sélection naturelle et il existait alors une sorte de « va-et-vient des modèles[7] » entre les modes de connaissance de la nature et les modes de connaissance de la société; J. Schlanger a bien montré que le concept de Darwin devait beaucoup lui-même aux idées de Malthus sur le corps social, tout comme l' « attraction pulsionnelle » de Fourier devait son origine aux observations de Newton sur les lois naturelles[8].

Jugeant les approches des penseurs et « panseurs » sociaux insuffisamment conformes aux règles de la méthode scientifique, Karl Marx avait voulu définir les bases du socialisme « scientifique[9] ».

Tant il est vrai que durant ces décennies qui commencent avec le mouvement des Lumières, lorsque se développe l'idéologie du Progrès, seul le statut de philosophe, de savant, *confère la légitimité.* Dans ce monde mis en mouvement par l'industrialisation et le profit, parcouru par de grandes migrations sociales et qui n'a plus ainsi ni l'immobilité ni la cohésion des sociétés « hiérarchiques », la légitimité passe imperceptiblement des garants de l'ancienne cohésion, l'Eglise, le Prince, à ceux qui contrôlent le mouvement des hommes et des choses, les transformations de la nature, c'est-à-dire le capitaliste et le savant[10]. Jusque-là, le savoir des dirigeants importait moins que leur origine. Depuis les Lumières, avec l'extension des pouvoirs de l'Etat, du champ d'action des dirigeants par conséquent, la compétence a pris la relève de la naissance comme principe de légitimation; et les savants, leur ordre, en sont devenus l'incarnation patentée.

Ainsi, pour être légitimé, Karl Marx avait envoyé son manuscrit à un savant, pas à un député, pas à un élu. Or, par un *lapsus* symbolique qui couvre le divorce qui s'élargit entre le discours sur la société et le discours sur l'espèce, Charles Darwin ne vit pas la relation entre son œuvre et celle de Marx, il ne répondit jamais.

Désormais les théoriciens des sciences sociales n'ont cessé de s'interroger sur les différences qui existent entre les méthodes appliquées dans les sciences de la nature et dans les sciences de l'homme. De G. Durkheim à G. Simmel et, ultérieurement, à K. Popper, ils ont constaté que les objectifs pouvaient être identiques – observer tels phénomènes, leur éventuelle répétition, rechercher leurs causes réelles, etc. – et cela en suivant une méthode similaire. Ainsi, comparant les lois de Kepler, qui disent comment certains corps célestes se meuvent, et les lois de Newton qui disent pourquoi, G. Simmel note que les sciences sociales peuvent procéder également à des opérations de même type : observer des constantes et repérer le pourquoi de certains phénomènes. La différence est que celles-ci ne peuvent pas toujours en prévoir la reproduction inéluctable. Par ailleurs il importe également de ne pas identifier les modèles expérimentaux à des lois. Dans les sciences de la nature comme dans les sciences de l'homme, en effet, la construction de modèles peut aider, certes, à rendre intelligibles les phénomènes : mais qu'un modèle apparaisse puissant, opératoire – le matérialisme historique, par exemple – et, aussitôt, la dérive menace avec la tentation de transfigurer ce modèle en théorie, en une sorte de loi totalisante. Car à partir du moment où il n'est plus possible de réfuter les attendus d'un modèle d'analyse ou d'une « loi » qui a réponse à tout, il n'a plus à être prouvé et perd sa fonction originelle[11].

L'analyse de ces théoriciens constituait le constat de divorce entre deux champs de savoir; or, en ce temps-là, l'histoire comme discipline ne s'était pas vraiment greffée sur les sciences sociales. Elle y procéda, certes, mais ultérieurement.

Cependant, depuis l'époque des Lumières et jusqu'aux débuts du XXe siècle, s'inversait le *rapport de pouvoir* qui s'était institué entre les représentants des différents champs de savoir. Vers les années 1780, puis lors de la rédaction des cahiers de doléances de 1789, les représentants du peuple qui défendaient des idées sociales nouvelles, celles de la philosophie des Lumières, jugeaient nécessaire de se faire cautionner par la présence d'un médecin, chantre de l'hygiène, parce qu'à la campagne notamment, il incarnait la santé, l'espoir, l'idée de Progrès[12]. Ce médecin, au reste, pouvait être également un démographe, un réformateur – avant de devenir, de fait, au XIXe siècle, un contrôleur social – phénomène qui, paradoxalement, se produisit avant même que le consacrent les véritables grandes découvertes de la médecine, celles de

Jenner, de Pasteur ou de Koch[13]. Au XIXe siècle et au début du XXe siècle, les succès de la médecine contre l'épidémie accrurent le pouvoir symbolique des médecins qui devinrent de plus en plus garants et caution des hommes politiques.

Or, au début du XXe siècle, dans la partie du monde où triomphe le socialisme « scientifique », c'est-à-dire dans la république des Soviets, la relation entre le médecin et l'homme politique s'est brutalement et entièrement retournée : l'ordre politique y contrôle entièrement l'ordre des médecins qui perd son pouvoir symbolique. Celui-ci appartient au Parti qui dissout les organisations de l'ordre des médecins, les jugeant suspectes du péché de bourgeoisie. Le médecin est ainsi devenu, en U.R.S.S., un fonctionnaire docile, que le pouvoir déclare responsable, à ses risques et périls, de la santé des citoyens; ce sont désormais le Parti et l'Etat qui décident des conditions d'exercice de la médecine, de l'appartenance ou non à la profession[14]. Sous Staline, le Parti et l'Etat décident également qui a raison de Morgan ou de Lyssenko. Se plaçant sous l'égide du savoir, s'identifiant à lui, les dirigeants soviétiques greffent ensuite l'analyse sociale sur l'étude des lois de la nature : en 1949, les grandes campagnes pour la conquête de la nature scandent les étapes du développement économique et social. Les *dirigeants soviétiques renouent ainsi avec l'unité du savoir,* désormais retrouvée, et Staline peut juger, vers 1950, que dans ces conditions, les décisions du Parti devenues la simple expression des lois du développement historique, la politique n'a plus de sens en U.R.S.S., « la fonction de répression à l'intérieur du pays est ainsi devenue superflue; elle a disparu ». En effet, selon la logique du régime, cette répression n'a plus de raison d'être, car celui qui conteste les décisions du Parti ne saurait plus être considéré comme un opposant – puisque s'opposer à la science est illusion, folie. Celui qui conteste est déraisonnable, malade, anormal, il pense *autrement,* et comme tel, est envoyé non en prison mais à l'asile[15].

Ainsi, à l'Est, à l'époque de Staline, non seulement le régime est souverain en politique, en économie et en biologie, en linguistique, *mais,* en ces domaines, il se juge et est jugé compétent. De sorte que, corollaire d'un phénomène étudié par Michel Foucault, à la façon dont le savoir a sécrété le pouvoir, on y observe un phénomène à la fois inverse et complémentaire : le pouvoir prétend incarner le savoir. « Plus qu'à imposer sa volonté, le pouvoir vise d'abord à savoir la société pour concrètement la prendre en charge jusque dans ses confins et ramifications profondes[16]. »

Or, ce phénomène de retournement, l'Occident non marxiste l'a vécu également, mais à sa manière. Au lendemain de la Première Guerre mondiale, par crainte de se déconsidérer, par crainte aussi des humeurs et retournements populaires devant le discrédit croissant du parlementarisme, le pouvoir représentatif a cherché à renforcer sa propre légitimité en faisant de plus en plus appel à des hommes « compétents », à des techniciens, à des économistes notamment. Pour la France, par exemple, R. Paxton a bien montré que ce phénomène est apparu durant les années 1930[17]. Ainsi régénéré, le pouvoir prétend lui aussi, juger de tout : de politique et d'économie, certes, mais également de la régulation des naissances, d'esthétique. A l'Ouest comme à l'Est, les certitudes des dirigeants politiques s'affirment désormais aussi péremptoires que celles du savant, du technocrate ou du médecin. Certes, ils ont droit à l'erreur, mais seule leur tribu peut en juger. Toute critique, autocritique à l'extérieur du groupe est forfaiture : une immunité les protège, qu'il s'agisse des parlementaires, des membres du Parti, de l'ordre des médecins.

A l'Ouest enfin, après 1914-1918, il a semblé que l'heure de la république des clercs et des guerriers était passée, qu'avec la crise de 1929, l'avenir n'appartenait plus ni aux rhéteurs, ni aux orateurs, mais aux hommes de science, aux hommes de calcul; économistes notamment tel Keynes qu'ont lu, annoté, simultanément, indépendamment de leurs « opinions », Lénine, le docteur Schacht et Roosevelt. Dans le monde des dirigeants, *les lois de la statistique ont pris la relève de l'esprit des lois,* à la place du discours et de l'idéologie, le chiffre et la courbe ordonnent.

Or, au même moment, adossé aux grands succès de la médecine, au lit du malade, le docteur Knock triomphe. Le personnage imaginé par Jules Romains y note non seulement la variation chiffrée de la température du malade mais il inscrit également, derrière son bureau et sous forme d'une courbe, la progression du nombre de ses patients. *La médicalisation du corps social le concerne autant que la guérison du corps humain.*

Le docteur Knock est irrité et déconcerté par le statut de l'homme bien portant, médicalement indéterminé et qui, n'étant pas médicalement défini, échappe à son contrôle. « Je le mets au lit, regarde ce qui va en sortir; un tuberculeux, un névropathe, mais quelqu'un, bon Dieu, quelqu'un. » Ce comportement n'est pas sans analogie avec celui du planificateur qui, en U.R.S.S. par exemple, considère l'oisif comme un parasite dont l'existence irrite et déconcerte parce qu'il n'est ni fiché ni programmé, ni classé, ni défini et qu'il n'entre pas dans les statistiques.

Ainsi au XXe siècle, le corps social et le corps humain sont simultanément investis par le double pouvoir de la médecine et de la politique; ils sont quadrillés, réduits à des courbes, à des chiffres. Encore une étape à franchir : la police des Etats connaît le groupe sanguin du citoyen, tout comme la médecine psychiatrique connaît ses options en politique. Rien, ni du corps humain ni du corps social, ne saurait plus leur échapper.

Marx et Knock se sont donné la main.

DE CLAUDE BERNARD À LA TRIPLE RÉVOLUTION BRAUDELIENNE

Or, c'est en ce temps-là, durant les années 1920, précisément, que se crée la Nouvelle Histoire avec l'Ecole des *Annales*. Elle a pour programme l'utilisation méthodologique des sciences sociales pour promouvoir à la fois l'histoire économique et l'analyse de l'organisation des sociétés[18]. En 1929, date de naissance des *Annales* en pleine crise, la rencontre privilégiée avec l'économie est, évidemment, fortuite; elle n'en confirme pas moins l'idée que rappelait Croce, que « l'histoire est toujours contemporaine ». L'appel aux méthodes des sciences sociales, au calcul, n'est pas accidentel non plus. D'autres voix s'exprimaient en ce sens, qui ne venaient pas du monde des historiens : la rencontre n'est ni fortuite, ni spécifique à la France. Au lendemain de la Grande Guerre, Henri Brooks Adams écrivait que « le futur de l'histoire était entre les mains des physiciens et que [...] l'historien de demain devait se former dans le monde des mathématiques, de la physique [...]. Si l'histoire n'utilisait pas de nouvelles méthodes, ce serait le département de Mathématiques et de Physique qui assurerait ses fonctions. » Un peu plus tard, Hermann Hesse entend « traiter l'histoire comme un mathématicien procède en mathématiques, où n'existent que lois et formules; mais ni la réalité, ni le bien ni le mal, ni le temps, rien qu'un présent mathématique[19] ».

Il est vrai que durant ces dernières décennies l'histoire a connu une de ses grandes crises d'identité. Longtemps écartelée entre l'érudition et la philosophie, elle participe désormais à ces deux courants, la discipline se constituant en ayant pour fonction de démontrer le sens de l'histoire, et en utilisant pour preuve les Annales de la nation. Vérité pour la France, vérité pour l'Allemagne, pour chaque Etat-nation de l'Europe en voie de constitution. En France, par exemple, cette synthèse s'est achevée sous la Troisième République où l'idéal de l'Etat-nation, incarnant le progrès, s'est intégré dans l'histoire érudite appuyée par le document[20].

En fait, passé au service de l'Etat, de la nation, désormais largement diffusé grâce au développement de l'instruction publique, le discours historique se fait de plus en plus missionnaire. A cette date, il croyait avoir un critère de vérité, le regard sur le document. L'observation des documents écrits, considérés comme seuls fiables, leur critique, telle était la pratique qui définissait le vrai professionnel et l'esprit positif (pas « positiviste ») qui doit l'habiter. Dûment codifiée, cette critique servait à dater le document, les faits qu'il instituait, ce qui permettait son insertion dans une chronologie. Ainsi, le document devenait critère de scientificité avec un implicite inaperçu : que là où il n'y avait pas de documents écrits, il n'y avait pas d'histoire possible. Déjà tout se passait comme si les peuples sans documents n'avaient pas eu d'histoire... Un jugement implicite qui, dans le cadre d'une vision européocentrique de l'histoire, les ensevelit ainsi deux fois[21].

Un second principe de classification des « faits historiques » existait, mais qui demeurait élémentaire : la distinction entre les champs du politique, du social, de l'économique; chacune de ces branches se subdivisait à nouveau d'une façon aussi sommaire, ce dont se moquait Lucien Febvre[22]; en économie, par exemple, les ouvrages d'histoire distinguent l'agriculture, l'industrie, le commerce, subdivisions vraiment peu élaborées et qui, je l'observe, en répétant l'ordre de séparation des ministères... était une reproduction de l'organisation que s'étaient donnée les Etats...

Toujours à cette date, le jeu des relations causales entre les « faits » s'était modifié, mais peu. Comme les sciences qui, naguère, étaient parties de l'infini astronomique et de la grandeur divine « pour passer d'une cohérence globale à une fragmentation de la réalité allant jusqu'à l'atome », l'histoire, à son tour, avait suivi un parcours équivalent, en passant de la vision de l'universel à un découpage chronologique ou thématique de plus en plus menu[23]. Toutefois elle ne changeait pas pour autant son système d'ordonnancement et elle continuait, à partir de segments (politiques, économiques), à vouloir construire les éléments d'une histoire générale dont, en l'occurrence, l'axe demeurait chronologique et politique : « une chronique améliorée de l'Etat », selon la juste expression de Pierre Chaunu[24].

L'accouplement entre datation et « fait historique », ancien comme les chroniques, la réduction au politique, avaient pour corollaire le principe même de sélection des événements à partir de certaines catégories de documents : choix des « faits » et choix des « dates » héritaient ainsi nécessairement du statut de ces documents dont la hiérarchie reflétait, au reste, la hiérarchie sociale du moment, et plus encore l'ordre des pouvoirs. Comme on l'a dit, l'historien, au début du XXe siècle, s'appuyait d'abord sur les documents officiels émanant de la main sacrée du pouvoir; et ni le témoignage oral, ni l'image, ni les bruits par exemple, n'étaient considérés comme porteurs de sens. La chronologie de l'histoire était ainsi transcription d'un ordre qui était politique d'abord; et politiques d'abord étaient les querelles entre historiens, notamment sur la périodisation, clef de voûte de l'ancienne histoire[25]. L'histoire comme « savoir » reproduisait ainsi l'histoire comme conscience et mémoire des Etats, ou des classes sociales, ou des organisations qui parlaient en leur nom. Elle n'était « scientifique » que pour autant qu'aux yeux de ceux qui l'écrivaient elle était détachée du sacré, de l'histoire sainte; tout au plus elle était érudite et savante, mais elle était aussi porteuse de projets et reproduction de croyances ou d'idéologies.

Au début du siècle, partisans et adversaires de Robespierre ou de Jeanne d'Arc s'affrontaient toujours, porteurs de croix et de marteaux. La guerre de 1914-1918, la révolution de 1917 exacerbèrent encore, s'il était possible, les conflits entre nations, entre classes sociales, l'hystérie politique et, fidèles servants de la conscience de l'histoire, les praticiens de la « science » historique.

Que la réaction la mieux organisée contre l'idéologisation du discours historique, contre son caractère partisan ait été le fait de Français vivant à Strasbourg, entre Allemagne et France, au carrefour d'un monde catholique et d'un monde protestant n'a rien d'étonnant. Quelle vérité, dans cette ville en particulier, l'histoire traditionnelle, ici pro-allemande, là pro-française, providentielle ou réformée, quelle « vérité » ou quelle « objectivité » l'histoire peut-elle exprimer? Le « hasard » de cette rencontre, à Strasbourg, n'est pas ainsi dû au seul... hasard. Que s'y trouvent, plus qu'ailleurs, en 1919 les chantres d'une pratique historique qui serait dissociée du discours nationaliste, politique, religieux n'est pas fortuit; or que cette pratique historique devint une science expérimentale ne pouvait que remettre en cause à la fois les types d'histoire qu'on a vus aux chapitres précédents, sécrétés par des foyers institutionnels – et leurs méthodes. Ainsi il s'est agi de substituer l'« histoire-problème », avec hypothèses et conclusions, hérités de Durkheim, à l'alignement de « faits » dont le sens était donné d'avance[26].

Ces traits bien connus expliquent ce que fut la révolution copernicienne animée par les fondateurs des *Annales* contre une forme d'histoire qui était d'abord politique. A une époque où précisément Maurras proclamait « le politique d'abord », la prééminence accordée à l'économie et à sa temporalité plus longue en étant attentif aux modes de productions, aux structures économiques et sociales, ne pouvait que complaire à la gauche, aux marxistes. Mais il y avait là, sans doute, l'origine d'un malentendu sur la signification et la fonction du changement de perspective opéré par les *Annales*. On y reviendra.

Mettre l'accent sur l'économique, puis sur le social revenait à reléguer toujours plus le politique, parce que l'histoire politique était la plus idéologique, la plus dépendante des institutions, c'est-à-dire ce type d'histoire qui jugeait des « bons et des méchants » et qui continuait, contrairement aux vœux de H. Hesse, à définir le Bien et le Mal, bref l'histoire patriotique et toute l'histoire militante[27]. De ce point de vue, l'histoire dite marxiste, bien qu'étayée sur le concept de la lutte des classes, était de même nature que celle contre laquelle les *Annales* menaient le combat; car si l'histoire officielle chantait la patrie ou l'Etat national, l'autre prophétisait l'avenir du prolétariat, toutes deux s'exprimant au nom des institutions qui parlaient en leur nom, Etat-nation, parti. Au reste, à la façon de l'histoire positive, l'histoire « marxiste » hiérarchisait également son système de références; il y avait des degrés dans la citation des textes sacrés, Marx et Engels d'abord, Lénine ensuite, et aussi dans le sacrilège. Puisqu'elle était au service d'une cause, d'une idéologie, des institutions qui l'incarnaient, cette histoire-là, marxiste ou pas, voyait le signe de sa mission changer, changer comme les sociétés; mais ni sa fonction ni son fonctionnement ne se modifiaient. Seule changeait l'organisation des champs historiques, leur relation changeait, et aussi le mode d'exposition des problèmes qui n'emprunte pas nécessairement la forme du récit, mais peut également l'utiliser.

En apparence le changement de mode d'analyse opéré par les fondateurs des *Annales* privilégiait l'économique : ce qui allait de soi à l'heure de la crise de 1929. *Mais ce déplacement était en conjonction avec un mouvement plus profond,* que nous signalions plus haut et *qui dessaisissait le discours au profit de la courbe.* Ainsi il est significatif que, soucieux de déterminer un principe d'organisation des domaines d'analyse tel que l'histoire procédât à une démarche comparable à celle des autres sciences sociales et, de façon latente, des sciences physiques et naturelles[28], Lucien Febvre et Marc Bloch aient fait appel à dcs spécialistes qui, précisément, maniaient le chiffre, le mètre et le calcul : en priorité les géographes qui, en ce début du siècle, tenaient le haut du pavé *, l'économiste Rist, le psychologue expérimental Blondel, le sociologue Halbwachs; celui-ci avait écrit un ouvrage sur Quetelet, auteur d'une *Physique sociale* et l'un des pères de la méthode statistique[29]. Il se tramait là, dans l'implicite, comme une révolution

* Parce que la géographie incarnait le lien entre les sciences de la nature et les sciences de l'homme; toutefois, maillon le plus faible et le plus exposé, la géographie « éclate » au milieu du XXe siècle.

d'ordre méthodologique. Pour la première fois apparaissait en filigrane « une théorie du savoir historique qui ne se confondait pas avec une philosophie de l'histoire[30] ».

En vérité, ce qui apparaît comme une révolution avait connu des précédents; certes cette mutation obéissait à des exigences épistémologiques, mais également à une contrainte : ces attaques dont l'histoire était l'objet de la part des sciences sociales, de Durkheim et de Simiand en particulier. Ainsi des historiens tels L. Febvre et M. Bloch comprenaient la nécessité d'élaborer un discours historique irréfutable qui se dégagerait de l'idéologie *.

Or, en vérité, avant Montesquieu, avant même les théoriciens de l'histoire « parfaite », Thucydide s'y était essayé. Cet historien avait une démarche qu'aujourd'hui on qualifierait de moderne, similaire à celle des scientifiques. Il avait mis à son service toutes les connaissances de son temps, en particulier l'enseignement d'Hippocrate, celui de la médecine. Dans les événements qu'il analysait, Thucydide cherchait à dégager ce qu'ils avaient de typique, ou de reproductible, ou encore d'unique; en disant qu'il énonçait seulement « ce qui fut », il voulait prendre une certaine autonomie vis-à-vis d'un système de références à destination des hommes d'Etat, ces philosophes du politique, concevant ainsi l'histoire à la façon d'une science humaine. Recherchant les phénomènes « révélateurs », il les

* Voir, en annexe, p. 242, la critique de Simiand.

sélectionnait, éliminant ceux qu'il jugeait banals. Par exemple il étudie peu les guerres médiques parce que c'est un conflit qui oppose deux peuples étrangers, ce qui est un phénomène assez ordinaire; il lui semble devoir leur prêter moins d'attention qu'à une guerre civile entre gens de même race, la guerre du Péloponnèse, par exemple. De ce point de vue, il se comporte comme un médecin dans l'hôpital du XIXe siècle, peu attentif aux cas banals, répétés, inintéressants. Par sa démarche, la recherche de « cas » et pour avoir tenté d'établir une sorte de typologie des processus historiques, Thucydide a pu être défini comme le premier anthropologue politique.

En outre, après avoir analysé la peste d'Athènes, Thucydide applique à l'étude de la vie sociale les méthodes qu'on emploie dans la pratique médicale et il identifie la Cité à un corps vivant. Toutefois, en ne cédant à aucune forme de présage, il laisse à la philosophie la responsabilité du politique[31].

En quelque sorte, il faisait siennes les procédures du diagnostic, mais pas celles du pronostic ni celles de la thérapeutique.

Paradoxalement, cet héritage, les fondateurs des *Annales* l'ont peu revendiqué. Sans doute parce que, historien politique par excellence, Thucydide ne pouvait à aucun prix servir d'exemple; ensuite parce qu'il a éliminé de son analyse l'ethnologie, la géographie[32]. Or les fondateurs des *Annales* se réfèrent par priorité à l'école géographique qui, par son observation du sol, du sous-sol, est directement liée aux sciences naturelles, ce qui renoue ainsi l'association de l'histoire avec l'encyclopédisme du XVIIIe siècle; ils se réfèrent également à la *Revue de Synthèse,* à l'école durkheimienne aussi. Avec elle, la filiation est à la fois théorique et mimétique. Ils se réfèrent enfin explicitement à Claude Bernard, comme dit Lucien Febvre, « avec un petit siècle de retard ». En vérité, il ne s'agit pas d'un siècle, mais d'un stade de retard...

Cette référence explicite à Claude Bernard nous rapproche de notre hypothèse de départ. Vérifions-en les attendus, et d'abord le fil qui réunit Claude Bernard à Emile Durkheim, le théoricien de la médecine expérimentale au théoricien de la sociologie, un des pères spirituels de l'Ecole des *Annales.* Faisons-le même si ses fondateurs s'irritaient de l'impérialisme durkheimien et si L. Febvre ne fait pas figurer Durkheim parmi ses ancêtres ou ses parrains; il demeure en effet que Simiand et Durkheim faisaient également une critique cinglante de l'histoire événementielle et de la « méthode historique ». De fait, le fil, dûment revendiqué par L. Febvre, qui relie Claude Bernard à Durkheim et aux *Annales,* est bien un fil d'acier.

L'Introduction à la médecine expérimentale de Claude Bernard était en physiologie, en médecine, « La Bible de ceux qui ne veulent pas de Bible », exactement à la façon dont, en histoire, l'Ecole des *Annales* s'est voulue indépendante, également, de toute croyance, de toute idéologie, de toute Eglise spirituelle ou politique. Autonome[33].

Tous deux, chacun dans son domaine, avaient rompu avec l'idéologie : Claude Bernard, avec le couple antagonique vitalisme-matérialisme, Durkheim, avec des visions globales qui, d'une certaine façon étaient de même nature. Ainsi Durkheim conteste les conceptions qui affirment l'existence d'un ordre social *en soi*, ce qui, en sociologie, serait l'équivalent du vitalisme en biologie; car cette vision considère la société comme un tout, à la façon dont l'organisme est animé par la vie. Mais Durkheim rejette également une conception opposée, mécaniste et réductionniste qui considère la société comme une combinaison d'individus, conception fondée sur la psychologie, le volontarisme. Pour Durkheim, les faits sociaux sont des faits en eux-mêmes. La tentation de réduire le social à une juxtaposition de forces individuelles est l'équivalent, en biologie, de la tentation de réduire la vie à des réactions chimiques ou à des lois physiques. Et s'il existe un déterminisme, celui-ci n'est pas un fatalisme à la Leibniz, ni un sens donné à l'histoire.

Or, dans la science historique, juge Durkheim, on ne peut pas pratiquer, comme Claude Bernard en laboratoire, le même type de méthode expérimentale, car on ne peut pas agir *sur* la société. Toutefois, par l'observation, par la méthode comparative et les variations concomitantes, ou corrélations, on peut transformer la simple observation en une expérimentation[34].

Ainsi, après avoir observé, identifié, comparé, classé, la médecine avait basculé; elle avait bousculé ces vieux modèles; elle n'a plus associé la maladie seulement à des symptômes, mais a établi une relation constitutive entre ces symptômes et les lésions. Les causes de la maladie se sont aussi déplacées du visible vers le non-visible, vers leurs rapports réciproques.

L'histoire suivit en quelque sorte le même itinéraire, étudiant d'abord les phénomènes immédiatement sensibles, visibles, cette conscience de l'histoire, puis examinant ensuite les phénomènes non visibles, non explicites, par exemple les mécanismes économiques, les mentalités, et en les confrontant au discours de la société. Elle établit ainsi elle aussi des liens entre les phénomènes observables et ceux qui ne l'étaient pas. Elle était ainsi passée de la connaissance immédiate à la connaissance médiate.

Encore fallait-il imaginer ces deux types de reconnaissance, déceler les liens, les établir : poser des hypothèses, faire une démonstration, une expérience dissociée de toute visée, de toute métaphysique, c'est-à-dire cette *expérimentation* que pratique la médecine, avec Claude Bernard, ce que Lucien Febvre, plus encore que Marc Bloch, avait souhaité, explicité, développé par des interventions incessantes, regroupées aujourd'hui dans *Combats pour l'histoire*. Deuxième grande différence avec l'historiographie traditionnelle : l'histoire à laquelle on pensait jusque-là était celle qui visait à découvrir les *lois* qui déterminent le développement des sociétés à défaut de lois, les constantes; désormais plus que les lois comptent les *cas,* les figures, le comment plus que le pourquoi.

La révolution braudelienne fut triplé[35]. En premier lieu elle appliqua directement à l'histoire la méthode des sciences de la nature et des sciences de l'homme. Dans *la Méditerranée,* nouveau Linné, Braudel procède à une observation et à une classification systématiques des phénomènes observés en Méditerranée, les classant, les comparant, confrontant tous les signes cliniques qui définissent systèmes et statuts; la norme y découle de l'exception, pas l'inverse. Au reste, lui-même, dans la préface de *la Méditerranée,* puis dans celle du *Capitalisme,* utilise constamment les termes de la classification : *étiqueter, délimiter, inventorier, isoler, observer.* En ce sens, *la Méditerranée* constitue un modèle d'histoire comparatiste poussé à des limites extrêmes; puisque, deuxième aspect de la révolution épistémologique, Braudel élargit le champ de l'historien à l'économie, à la géographie, cc qui fut la spécificité des *Annales :* « sus aux fenêtres closes aux rideaux tirés ». Enfin, en rangeant au magasin des accessoires l'histoire-récit organisée autour du couple-événement/datation, il lui substitue un mode d'organisation de la démonstration que légitime le choix d'un référent unique, la durée. Proposée comme critère de l'analyse, la durée des phénomènes économiques, sociaux sert à étayer la première expérimentation systématique en histoire. Ainsi la nouveauté ne consistait pas seulement à contester l'histoire événementielle toujours renaissante avec le temps malgré sa condamnation permanente depuis Mabillon, Voltaire, mais à rejeter les différentes familles d'histoire événementielle : celle de la vie politique, de la vie économique, pour rechercher des phénomènes non dits et pourtant aussi réels : la relation entre économique et politique, entre guerre et évolution des prix. Aucune suite événementielle n'était ainsi présentée en tant que telle, mais par rapport au référent de différentes durée ou vitesse, dans une relation avec une autre *.

Parallèlement à cette expérimentation, née avec la théorie des temporalités, d'autres apparurent. Par exemple, celles qui s'appuyèrent sur des référents fixes et fiables, les statistiques démographiques, qui firent faire un bond prodigieux à la connaissance historique sur un front très large qui englobe l'histoire de la famille, celle des crises qui en sont le corollaire. P. Meuvret, P. Goubert furent les pionniers de ces recherches qui établirent les premières corrélations entre crise des subsistances et courbes démographiques de l'ancien régime, montrant par exemple qu'à une forte hausse du prix des céréales peuvent à la fois correspondre une montée de la mortalité et un effondrement des mariages et des naissances.

Tandis que Charles Morazé cherchait un référent mathématique généralisateur, E. Le Roy Ladurie se rapprochait de la démarche des scien-

* Voir dans le document 4, p. 249, une comparaison, selon Paul Veyne, entre histoire événementielle et non événementielle.

ces de la nature en utilisant un référent cosmique, le climat; il cherchait des corrélations entre les variations du climat et l'activité des hommes. Il était ainsi le premier historien à avoir associé expérimentalement la nature et la société; en poursuivant avec Jean-Paul Aron ses études sur la transformation du corps humain confrontée au recrutement des conscrits dans l'armée, il retrouvait le couple corps humain / corps social, non plus d'une façon idéologique tels les démographes-médecins du XVIIe siècle, mais bien expérimentalement.

Tandis que Fernand Braudel s'orientait vers l'analyse et la définition globale d'un système, le(s) capitalisme(s), d'autres étudiaient des « cas » et constituaient des panoplies de modèles. D'autres enfin élargissaient l'inventaire de la nouvelle boutique de l'historien, y introduisant de nouveaux « objets » qui avaient été ignorés en tant qu'objets d'histoire : en vrac, à la suite du climat, les rations alimentaires, le montant des loyers, le sexe ou la cuisine qu'ils traitaient, au reste comme les bons vieux événements du temps passé; bref, émules du docteur Knock, ces historiens ne supportaient pas qu'un rien, même un rêve, échappât à leur vigilance. Dans ces différentes directions, pourtant, l'histoire expérimentale devenait volontiers quantitative, ses praticiens imaginaient des systèmes de corrélations inédits : en quelque sorte, les nouveaux « faits historiques » créés par l'historien étaient l'équivalent des nouvelles « maladies » définies par le médecin, c'est-à-dire qu'en soi, ils n'avaient pas d'existence.

A la limite, écrivait justement Paul Veyne, « l'événement ne se situait plus aux modifications d'une courbe mais au croisement de toutes les corrélations[36] ». Il changeait ainsi de nature : on avait cru assister, selon la formule de Pierre Nora, à l'éclatement de l'histoire, pour autant que les diverses sciences sociales voyaient leur méthode utilisée par l'historien. En réalité, plus qu'à l'éclatement de l'histoire, on avait affaire à sa transformation en une science « qui définit ses objets, ses objectifs[37] ».

Quant à l'homme qui, avec la greffe de l'école des *Annales* sur les sciences sociales, « avait pris la relève de la méthode comme référent, il est devenu l'objet transitoire et daté d'un agencement particulier du discours scientifique[38] ».

Cette séparation d'avec l'histoire-récit, cette destructuration des phénomènes, leur décomposition, provisoire, en problèmes, n'était-ce pas ce qu'avait souhaité le parrain des *Annales,* E. Durkheim : que les faits sociaux, les faits historiques deviennent des « choses »? L'histoire devenait ainsi l'étude des relations entre ces « choses », leurs variations, leurs changements.

Cette évolution affecta le statut et la fonction des praticiens, le regard qu'on porta aussi sur leur fonction.

En médecine, dès la fin du XIXe siècle, le généraliste l'avait cédé en prestige devant le spécialiste; parallèlement la chaire de thérapeutique, en Faculté, subissait un déclin similaire. On observe la même évolution en histoire, avec retard toutefois. A l'école des *Annales* le chercheur se détourne désormais de l'étude générale des phénomènes, son prestige n'est plus associé, comme au tournant du XIXe - XXe siècle, au statut de ses sources mais à la fiabilité de sa méthode. Comme celle des généralistes, s'éteint l'ère des généralisations; et l'histoire, en tant que recherche, se sépare de plus en plus de l'histoire générale, celle qu'on enseigne; au reste, celle-là, conservant sa vocation thérapeutique, voit également son statut s'abaisser, sa légitimité être contestée. Double similarité.

Autrcs transformations corollaires : la tendance de chaque sous-branche du savoir, dans les sciences de la vie comme en histoire, à devenir impérialiste, à en coloniser d'autres; *l'impérialisme sectoriel de la biologie moléculaire,* par exemple, *a pour équivalent la tendance à l'impérialisme sectoriel, successivement des historiens-économistes, des historiens-démographes, des historiens-anthropologues.* On observe également le refus de chaque branche, de chaque sous-branche, d'utiliser les modèles, les raisons qu'elle ne s'est pas forgés elle-même; on observe aussi l'interdiction provisoire que s'impose chaque sous-branche, en l'état actuel de ses connaissances, de proposer un discours global, en médecine sur le corps humain, en histoire sur le corps social; quitte à abandonner à d'autres le diagnostic global que, naguère, médecins ou historiens prononçaient en toute légitimité : à la suite de la philosophie, aujourd'hui la biologie prend la relève du discours global et propose ses thèses « sur le sort de l'espèce humaine ».

Il est encore une autre corrélation qui signale le parallélisme des évolutions : au moment même où le médecin de famille généraliste voyait sa connaissance immédiate dévaluée par le laboratoire ou par le scanner, l'historien prétendant utiliser, lui aussi, cette connaissance immédiate, par l'œil ou par l'oreille, se voyait également dévalué, déconsidéré par rapport à ces enquêteurs qui utilisaient le chiffre, les machines, les « équipes », les ordinateurs[39]. Rappelons seulement pour mémoire avec quelle commisération condescendante furent accueillies par certains historiens économistes les premières propositions émises pour constituer les archives orales ou visuelles de notre temps.

On connaît la réaction des patients dans l'hôpital. Satisfaits des progrès extraordinaires accomplis par la médecine, ils jugent néanmoins que le diagnostic qui définit ce dont ils souffrent a pu être établi sans que le médecin soit nécessairement présent au pied de leur lit; et sans qu'ils aient eu droit à la parole. Ils observent que la médecine moderne n'a plus tellement besoin de l'interrogatoire du malade, des données de l'*anamnèse,* que le médecin s'occupe du diagnostic de la maladie plus que de leur propre identité. Et ils stigmatisent ce dessaisissement[40].

Or, en histoire, le souci de la formalisation, la médiation du concept, comme la recherche des modèles, créent des nouveaux « faits » historiques de plus en plus distants de la conscience, de la pratique de la mémoire des sociétés. Chacun ne se reconnaît pas nécessairement comme sujet dans une analyse qui destructure son discours, dénature ses signaux, institue une réalité autre que les pratiques de cette réalité vécue; groupes et individus peuvent se juger irréductibles; la sauvegarde de leur identité devenant, face au computer ou à l'enquête, un refuge, un lieu d'asile, de liberté. A force de considérer les faits sociaux comme des « choses », la société s'est rebiffée.

Car l'historien expérimental est souvent plus concerné par l'élaboration de son modèle, par la mise en place de son outillage, par l'organisation de son discours que par l'interrogation directe de la société. Par contre, il ne se pose guère la question sur sa propre fonction sociale. Les liens entre la société et la science historique se distendent de la sorte comme se distendent les liens, à l'hôpital, entre la médecine et les patients.

De sorte qu'en histoire comme en médecine, des réactions contre ces pratiques, contre ce réductionnisme se sont manifestées; la psychanalyse a pu répondre à quelques-unes des questions que le médecin et l'historien se posaient sur leur propre manière de faire. En tant qu'historiens, A. Besançon et M. de Certeau figurent parmi les premiers à s'être posé ces questions. Mais les réactions ont été multiples. En témoigne, par exemple, un courant animé par Michel Foucault : il veut restituer à la société ses pratiques, confronter les différents discours qui émanent de chacune de ces instances; voilà une entreprise de restitution parmi d'autres qui fut portée à sa limite exemplaire dans le travail collectif et volontairement incohérent, *Moi, Pierre Rivière.* En témoignent également les œuvres de Jeanne Favret ou de Régine Robin, par exemple, où le discours de l'historien lui-même est pris en charge et où le travail de l'auteur opère un mouvement d'aller-retour entre le discours sur la société et la pratique même de l'histoire. En témoigne également la vogue de l'« histoire orale » : un de ses traits est de relativiser le rôle de l'historien, de faire de la société elle-même sa propre faiseuse d'histoire... Comme si, en médecine, était venu le tour des patients de passer à l'acte, de se faire thérapeutes à leur tour – par un retour à la pratique des Athéniens[41]...

Etant donné que les *Annales* se sont fait l'écho tantôt de l'un de ces mouvements, tantôt de l'autre, on a pu s'interroger sur le sens de leur « politique », douter même qu'elles en eussent une.

Ces transformations modifièrent le rapport des marxistes avec les *Annales.* A l'origine, en France, durant les années 1890-1920, s'il existait une Vulgate, qui exprimât une vision révolutionnaire de l'histoire, elle était plutôt socialiste que marxiste; ultérieurement, les positions des historiens se définirent par rapport à leur réaction devant une révolution d'Octobre plus qu'en relation avec une connaissance explicite des conceptions de Marx sur l'histoire, ou de ses méthodes. Bruhat, Vilar et Labrousse estiment qu'il n'existe ni histoire marxiste, ni théorie marxiste de l'histoire en France avant les années 1930, lorsque pour la première fois Jean Baby en définit les principes. Dans ces conditions, les fondateurs des *Annales* ne sauraient se situer par rapport au marxisme, puisqu'ils l'ignorent : de Mathiez, ils rejettent « l'absence de connaissances positives » – entendons la géographie, l'économie, etc. –, plus que ses sympathies pour Robespierre et Lénine; L. Febvre reprocherait plutôt à Mathiez de ne pas même être ouvert au matérialisme...

Les historiens de gauche des années trente – Bruhat, Vilar, Labrousse, G. Lefebvre – n'en manifestent pas moins de la sympathie pour les *Annales,* où Friedmann incarne la caution marxiste de la revue, « car elle était la plus proche de leur conception quelque éloignée qu'elle en fût[42] ». Ils étaient favorables à l'histoire nouvelle pour autant que celle-ci privilégiait l'économie et choisissait un mode de classification des phénomènes apparemment de même type que la distinction opérée entre infra et super-structure.

Mais cette bonne disposition changea après la guerre, dès que le projet historique des *Annales* utilisa des procédures étrangères à la pratique et au projet des marxistes. Commença alors l'ère de l'excommunication et du soupçon. Elle coïncida avec l'époque où de jeunes historiens du Parti affirmaient incarner, à l'ombre de Staline, le savoir absolu et l'avenir de la société. Selon eux, ceux qui collaboraient aux *Annales* étaient soit des agents de l'impérialisme américain, soit des survivants vieillis d'un mode de connaissance dépassé. De fait, la recherche des structures, le privilège accordé à la longue durée, à l'étude des mentalités, à l'analyse des événements observés non plus comme des faits mais comme des « symptômes » excluaient, en effet, tout préalable théorique, tel le déterminisme; la vocation expérimentale des *Annales* excluait aussi l'isolement *a priori*, une sorte de variable indépendante, tel le mode de production[43]. Or, les marxistes officiels tiennent à la fois ce déterminisme et cette variable pour des cadres présupposés. Ils n'en admettent pas d'autres. Par exemple, dans un bel article qui aborde enfin de front le problème des rapports entre marxisme et « histoire nouvelle », Guy Bois juge en 1978 que ce fut un « danger pour l'histoire que les rapports de parenté puissent être mis en avant comme concept fondamental opposé à celui des rapports de production[44] ». Le « danger » était-il vraiment pour l'histoire? ou pour le concept de rapport de production, pour son monopole? avec ce qu'implique ce monopole : un mode d'explication qui sert à fonder une représentation particulière du devenir des sociétés et à établir la légitimité des « partis ouvriers » et plus particulièrement celles des partis communistes...

Autre grief. Genovese a observé que chez Braudel, par exemple, les communautés humaines figurent comme une partie de la nature, comme un élément de l'environnement plus qu'en tant que collectivités proprement dites qui agissent sur la nature. Cette critique reprend celle que, plus largement, *Past and Present* faisait dès 1952 aux sciences sociales en général : « Modelant leurs pratiques théoriques sur les sciences naturelles et biologiques, elles perdent tout contact avec la spécificité historique de la vie sociale, [...] les hommes contribuant à accomplir leur histoire et n'en étant pas seulement les victimes passives. » De fait, bien qu'il puisse advenir à Braudel par exemple de faire intervenir le rôle de l'action consciente des hommes, celle-ci s'y exprimerait plutôt négativement, les hommes « ne pouvant aller contre le sens profond de l'histoire » (conclusion de la *Méditerranée*). Par là, il faut entendre le déterminisme tel que le conçoit la géo-histoire à la Montesquieu, plus qu'un déterminisme de type marxiste, expression de l'une des idéologies du Progrès. De sorte que, d'une certaine façon, la téléologie des concepts et des modèles chez Braudel s'affirme bien aux dépens de l'action consciente des hommes.

En outre, certains marxistes considèrent volontiers que le néo-scientisme des *Annales* n'est qu'un positivisme *new-look*, porteur d'une idéologie latente opposée à une des dimensions de l'histoire des hommes, le changement – et plus encore le changement associé à leur action volontaire et collective, à la lutte des classes. Le rejet de l'événement comme objet d'étude aurait ainsi une portée idéologique, pas seulement épistémologique. Or, F. Furet et P. Burke ont posé, au fond, les premiers, le problème de l'implicite théorique et idéologique d'une méthodologie ou d'une problématique particulière. « L'histoire sérielle, écrit F. Furet, parce qu'elle privilégie le long terme et l'équilibre d'un système, me paraît donner une prime à la conservation. » Telle se trouverait être également la fonction de l'histoire des mentalités, juge P. Burke. Or il est vrai que, depuis leurs origines, les *Annales* ont privilégié l'étude des systèmes par rapport à l'étude des changements[45].

Corollaire de cette constatation : la mise en cause de la priorité accordée naguère au Politique – et dont on a dit, ici, les origines –, ne cache-t-elle pas elle aussi, sous sa justification épistémologique, un alibi idéologique? Ne s'associe-t-elle pas, également, à une relégation des études sur le monde actuel? Il est vrai qu'avant 1940, les *Annales* n'ont guère analysé le régime soviétique, et pas décelé ni présenté les régimes nazi ou fasciste italien. Marc Bloch, au reste, l'a reconnu : « Nous avons été de bons artisans, pas des citoyens vigilants. » Mais, qu'après 1960 la même critique vienne des marxistes est assez piquant, car, dans les publications de leur Parti, on chercherait en vain des études sur les origines du totalitarisme en U.R.S.S., ou encore sur la spécificité du problème colonial. Ce sont des marxistes de petit appareil (trotskistes, *Socialisme ou Barbarie,* etc.) ou des indépendants qui les ont abordé, puis ont, peu à peu, collaboré aux *Annales*; et il a fallu qu'arrive Althusser pour qu'un marxiste officiel du Parti mît en cause l'économisme des analyses marxistes.

Enfin, ces marxistes jugent que, privée de tout projet global, l'histoire perd une partie de sa raison d'être; observation à la fois peu équitable pour certains grands travaux, et qui témoigne du refus de prendre en compte le projet propre des *Annales*; de le situer par rapport au marxisme, référent unique et obligatoire. Car il est bien vrai que la multiplication des études de cas aboutit à un éparpillement désordonné qui semble exclure une reconstruction globale; pourtant il est à la fois des œuvres de ce type qui en sont le fruit, et par ailleurs, il importe d'observer que l'existence de ces œuvres globales ne saurait constituer un objectif en soi. Le parallèle avec la médecine permet d'éclairer ce point : l'existence de spécialités très pointues, expertes et opératoires sur certains cas, n'a pas nécessairement pour objet ultime de créer des spécialistes toutes catégories; elle n'en est pas moins un progrès de la médecine.

De leur côté, les historiens de cette « nouvelle histoire » observent que – les historiens marxistes « indépendants » mis à part, tels E. Labrousse, P. Vilar, E. Hobsbawm, P. Souyri, etc., bon nombre de marxistes anglais – la pratique historique des « marxistes » officiels occulte le lien privilégié qu'elle conserve avec les appareils qui prétendent être les accoucheurs brevetés et l'incarnation même du mouvement de l'histoire. Elle occulte le retour de l'historiographie *officielle* à Moscou, comme chez les historiens du Parti, à une présentation *morale* de l'histoire qui n'a plus guère de rapports avec la physique sociale que se voulait l'analyse de Marx[46]. Ce sont ces appareils, ceux du Parti, qui décident de l'opportunité d'une recherche, qui jugent même de sa scientificité. Entre cette autorité et le laboratoire de l'historien, des divergences, des contradictions peuvent exister. Or les textes des historiens marxistes – nous parlons ici des historiens officiels – semblent ignorer cette difficulté; ils s'adaptent sans effort apparent, et apparemment en toute innocence, aux besoins de leur Parti; il en est qui changent les conclusions de leurs travaux comme on jette une arme inutile. En 1936, E. Tarle écrit le contraire de ce qu'il avait démontré quelques années auparavant : « Les moujiks qui, face à Napoléon, ne s'insurgeaient que lorsqu'on leur piquait leurs oies ou leurs poulets » deviennent subitement sous sa plume des héros lorsque le pouvoir soviétique veut bander les énergies patriotiques face aux Allemands, face aux nazis. Or, les textes de ces historiens sont lisses sur ces variations, lisses comme une courbe. Faut-il ajouter que, moulinée au modèle uniforme d'un processus stéréotypé, cette histoire-là, dans ses perversions tend à réduire à zéro « l'inventaire de nos différences[47] ». Par exemple, dans les ouvrages du quarantième anniversaire d'Octobre, les effets de la révolution sont analysés de façon similaire pour l'Algérie, le Venezuela, la Thaïlande, l'Allemagne.

Eric Hobsbawm rappelle justement que Marx est loin d'avoir postulé une telle unilinéarité, que certains marxistes posent l'existence d'alternatives pour l'avenir, de modèles différents dans le développement des sociétés. Hobsbawm cite Rosa Luxemburg, j'y ajouterai N. Boukharine. Aujourd'hui, avec Elro Loone, de l'Université de Tallin, en Estonie soviétique, donc en U.R.S.S., la théorie marxiste sait prendre quelque distance avec les modèles réducteurs. Certes, elle ne conteste pas que les interférences du monde extérieur ont pu empêcher chaque société de passer « normalement » par les différents stades de production (esclavagiste, féodale, capitaliste, socialiste); toutefois leur classification peut emprunter à un modèle renouvelé grâce à la création de deux nouveaux concepts globalisants. Ces deux critères sont d'une part l'absence ou l'existence de surplus, d'autre part l'absence ou l'existence d'exploitation (de l'homme par l'homme). Le communisme primitif ne connaît ni l'un ni l'autre; les sociétés à classes possèdent les deux; le communisme à venir n'aura que l'un des deux.

Cette formalisation nouvelle amène ainsi la théorie marxiste aux confins du structuralisme[48]. D'autres théoriciens montrent qu'histoires locales et histoire générale ne se développent pas au même rythme[49].

Certains Soviétiques, pourtant sous le couvert d'une mise en cause des *Annales*, vêtus des oripeaux de l' « exigence scientifique », reprennent les vieux trucs du soupçon et du terrorisme « staliniens ». Récemment, à Moscou, on mettait les nouvelles *Annales* au pilori; Braudel, Ferro, Le Goff, Chaunu, Furet, et j'en passe; seuls Marc Bloch et Lucien Febvre trouvaient grâce aux yeux des nouveaux censeurs. Il est vrai que l'éclectisme apparent des *Annales* fait la part belle aux historiens « masqués ». Il en est qui découvrent après coup qu'ils n'ont collaboré à son Ecole que pour suivre une cure de désintoxication. Inversement, certains s'y sont dotés de brevets et d'armes nouvelles pour mieux poursuivre ailleurs leur combat de Croisés[50]. Il est toujours possible de mettre en doute l'innocence scientifique d'un historien, qui est aussi homme de son siècle, et autant guidé par la passion que par la raison[51].

Dans ces conditions, on comprend que certains puissent même s'interroger sur la réalité d'une pareille école. Aux Etats-Unis, d'autres se posent des questions sur le destin de l'histoire-problème : en diagnostiquant un retour au récit, ils contribuent à accroître la confusion. Ainsi, Laurence Stone, par exemple, identifie la déchéance (supposée) de l'histoire-problème à « la faillite du modèle déterministe », à la faillite « de sa hiérarchie des trois niveaux[52] ». Il procède aussi à un amalgame et à une identification qui reposent à la fois sur une confusion et sur une méprise. L'histoire-problème est étrangère à toute téléologie, à toute visée philosophique, en outre les « niveaux » de temporalité dans l'œuvre de Braudel, par exemple, ne fonctionnent pas comme les niveaux « marxistes » de l'infrastructure et de la superstructure, puisqu'ils ont un référent, le temps, et que sont prises en compte la durée, la vitesse de développement des phénomènes analysés. En outre, les « niveaux » braudeliens ne donnent pas un « sens » inéluctable à l'histoire, ils n'ont rien du « déterminisme » marxiste, pas même l'apparence. A partir de cette prémisse ainsi faussée, L. Stone peut diagnostiquer aujourd'hui ce qu'il dénomme « un retour au récit »; ce qui est une confusion supplémentaire puisqu'en U.R.S.S. par exemple l'histoire « déterministe » peut fort bien s'accommoder de récits : elle connaît en effet plusieurs modes d'exposition. Autre confusion, comme indice de « ce retour au récit », Stone se réfère à des travaux qui, selon ses termes, « ont substitué l'anthropologie à l'économie comme science sociale privilégiée »; certes, dans ces travaux, il est bien procédé à cette substitution mais leurs auteurs collaborent, eux aussi aux *Annales*, ou encore sont-ils très proches d'elles; car ce que Stone dénomme « récit », d'autres le définiraient autrement : observation, description, c'est-à-dire précisément l'un des stades de l'analyse, alors que l'histoire « narrative » fait du récit non pas une étape de la recherche mais un aboutissement[53]. Il y a ainsi faux sens à déceler un retour au récit chez ces auteurs-là; ce qui n'empêche pas le récit traditionnel de survivre, mais dans d'autres travaux historiques, qui ne sont pas publiés dans les *Annales*.

Le détour par la médecine a permis de repérer quelques-uns des traits de l'ordre historique, de sa fonction et de son fonctionnement. Sous des définitions différentes se retrouvent des attitudes et des démarches qui sont analogues à ce qu'en médecine on appellerait le diagnostic, le pronostic, la thérapeutique. On a vu que Thucydide s'en était tenu au diagnostic; aujourd'hui les écoles expérimentales contemporaines font de même, encore que par le privilège accordé à l'analyse des phénomènes en longue durée, dans certains cas, elles énoncent une sorte de pronostic. Cette histoire expérimentale, toutefois, se garde de toute prétention thérapeutique. Là se trouve sa véritable frontière : ses praticiens stigmatiseraient même un certain discours historique, celui de l'enseignement traditionnel, qui jouerait le rôle d'un service : celui de l'Etat, de l'Eglise, du Parti, du pouvoir en général, de la nation, en s'identifiant au Savoir, à la Vérité. On a constaté qu'à l'Est, l'histoire assuma ces différentes fonctions : elle est à la fois analyse, théologie, renforcement « moral ». Mais est-ce à l'Est seulement? On imagine aisément que toutes les formes traditionnelles regardent ainsi avec circonspection l'histoire expérimentale, ce foyer indépendant qui sécrète une histoire autonome.

On comprend ainsi que l'histoire autonome puisse souffrir de quelques handicaps et que son existence justifie la question posée par E. Vigne dans son article joliment intitulé « la Nouvelle Histoire a-t-elle raté son congrès de Tours? ». Il se demande pourquoi la rupture avec la « vieille maison » – l'histoire traditionnelle –, pourquoi cette scission n'a-t-elle pas été totale. Et il répond : « Pour avoir fait l'école buissonnière sur d'autres chemins que les siens, n'a-t-elle pas trop ignoré dans quel sens les arpenter? A l'origine de ce ratage souvent répété de l'interdisciplinarité, n'y a-t-il pas l'ignorance de ce qu'est un concept[54]? » – Certes...

Cette question et ce diagnostic s'expliquent également par le statut et la fonction que la société attribue à l'histoire et par le développement même de cette discipline – service et mémoire. Or, l'histoire n'a su, tel le droit, ni gagner la grande bataille de l'indépendance, ni commander à la société – dont elle demeure la fille soumise. Qu'elle fasse mine de s'émanciper, de s'institutionnaliser à cette fin et aussitôt de bons apôtres, anciens hommes d'Eglise, ou de Parti bien sûr, mais demeurés hommes de main, ne manquent pas de dénoncer le « réseau » des historiens, leur pouvoir...

Il demeure un problème plus central : le silence de l'histoire expérimentale sur son propre projet : attentive à ne pas se mêler à l'histoire traditionnelle, à garder son identité, au moins quand elle fait ses essais dans les *Annales*, elle se compromet en public sans dire vraiment si, avec l'autre histoire, elle fait ou non chambre à part... Ainsi elle ne définit pas clairement son projet préférant, – ou sachant mieux – faire faire à l'histoire des progrès plutôt que de définir son avenir.

CHAPITRE II

Histoire autonome et connaissance de l'histoire

Le besoin d'autonomie et l'exigence expérimentale n'ont pas sollicité seulement ceux qui écrivent l'histoire, mais aussi ceux qui ont pour fonction de transmettre la connaissance de l'histoire, ceux qui l'enseignent. Pas tous, naturellement, et il s'en faut : car il en est, à la fois chez les uns et chez les autres, qui font de leur profession une chaire où ils expriment leur foi, identifiant en toute simplicité leurs convictions à la vérité scientifique, confondant ainsi conscience de l'histoire et histoire.

Or, depuis une vingtaine d'années, ceux qui s'interrogent sur leur fonction et leur manière de faire ont procédé à un certain nombre de constatations.

En premier lieu, ils ont pris conscience, nécessairement, de la faillite des idéologies, ce qui les a amenés à s'interroger à la fois sur la substance de leur enseignement et sur son sens. En outre, la multiplication des foyers qui émettaient un discours historique – hier, l'Etat-nation, les opposants, les peuples colonisés, – aujourd'hui, les

« régions », les femmes –, tout comme la relativisation de l'histoire traditionnelle, celle qui est enseignée – par l'existence d'autres formes historiques, que le cinéma, la télévision ou le roman ont instituées, par exemple, n'ont pas manqué d'ébranler l'assurance tranquille de ceux qui racontaient l'histoire des origines à notre temps, en suivant un parcours du combattant. L'intervention d'historiens qui mettaient en cause le statut de cette histoire événementielle – stigmatisée depuis que l'histoire est histoire mais qui continue néanmoins à prospérer puisqu'elle correspond à un besoin – cette intervention n'a pas non plus manqué de porter un coup non seulement à une certaine forme d'histoire militante – qu'elle soit officielle ou non – mais à toutes les narrations historiques qui adoptaient la forme du récit.

D'autres se sont interrogés sur la façon dont l'histoire enseignée à l'école est appréhendée réellement, quelles traces elle laisse – si tant est qu'elle en inscrit –, et comment celles-ci se greffent sur la mémoire individuelle, ou familiale, voire sur une mémoire de groupe, de village, de région. Qu'un groupe ne soit pas homogène et un autre problème se pose : les connaissances historiques ont-elles la même signification pour tous, leur leçon est-elle la même pour chacun. Ainsi, la bataille de Poitiers, présentée comme un événement heureux dans l'histoire nationale ne l'est pas pour l'historiographie occitane, et, dans l'historiographie arabe, elle ne figure même pas; elle constitue une sorte de non-événement tant, aux confins de l'Islam, sont nombreuses ces batailles et embuscades avec les « barbares ».

Autre question enfin, quelle est la fonction de ce savoir, son utilité sociale? Doter un groupe, une nation, de sa mémoire, la lui restituer, telle est certes une des fonctions de l'historien. La seconde est sans doute d'aider à l'intelligibilité du passé, des liens entre le passé et le présent.

Ainsi se trouvent posés quelques problèmes : celui de la substance des connaissances historiques, de leur choix – qui répondrait à cette double fonction *; se pose également la définition du type d'approche à adopter pour analyser ces différents problèmes, voire pour transmettre un savoir; également un savoir-faire. Au cœur de ces interrogations se trouve un problème de fond, et qui concerne tous ceux qui écrivent l'histoire, la lisent ou la transmettent : quelle *relation* établir entre l'histoire générale, expression de la conscience que les sociétés ont de leur passé, et les certitudes particulières que les sciences sociales et l'histoire expérimentale ont pu acquérir depuis un siècle. Ces deux types de savoir sont dotés d'un statut différent; quelquefois ils communiquent – mais le plus souvent ils font chambre à part; une méconnaissance qui est au centre même des débats sur l'histoire aujourd'hui.

* Cf. annexe I, p. 237, sur les programmes scolaires.

HISTOIRE LOCALE, HISTOIRE GÉNÉRALE; LIENS ENTRE LE PASSÉ ET LE PRÉSENT

Au préalable, deux autres questions se posent : celle du rapport entre l'histoire générale et l'histoire locale, celle des relations qui existent entre la connaissance du passé et l'intelligibilité du présent. A leur façon, ces questions sont liées.

Selon Arnaldo Momigliano, « ce fut l'exemple d'Hérodote, et après lui, de Thucydide, qui détourna les Grecs de reconnaître pleinement le nom d'histoire à de simples exposés d'événements *locaux*; ...] le canon des grands historiens de la Grèce élaboré à l'époque hellénistique exclut ainsi ces historiens locaux ». Dans le même esprit étaient exclus de l'histoire les études sur le rituel, les fêtes, les usages, ce que la Renaissance, ultérieurement, appela les Antiquités – par opposition à la notion d'histoire axée sur les événements politiques et militaires. Pour la même raison, la biographie n'était pas considérée comme de l'histoire, parce que, panégyrique ou pas, l'histoire, selon les Grecs, se propose pour fin la recherche de la *vérité*, qui doit s'interdire l'éloge ou le blâme, être au-dessus des querelles locales, ne pas avoir de parti pris[1].

Les observations d'Arnaldo Momigliano mettent en relief les exigences de l'histoire au temps des Grecs. Elles se définissent comme une analyse des phénomènes *généraux*, se veut objective, et son objet est le *changement*. De sorte que le quotidien est ainsi rejeté, comme le local, hors de l'histoire, l'événement étant identifié au changement.

Or, aujourd'hui, il s'est produit un retournement : sans doute, les phénomènes généraux continuent à être objets d'histoire mais, à moins de garder la forme du récit, l'histoire est devenue plus systématique, plus thématique : pour sa part, l'histoire expérimentale à ses débuts a relégué le politique au profit de l'économique, ou du démographique – l'étude de la famille, ou des campagnes prenant la relève de l'ancienne histoire générale qui survit à ses côtés, mais en faisant souvent chambre à part; dans le cadre de cette histoire systématique, les « événements » se dissolvent. Or, Thucydide étudiait les événements, *en tant que* phénomènes qui rompent le rythme répétitif de la vie quotidienne et suscitent des changements, car son objet était, non pas l'étude du passé, mais l'explication des phénomènes présents. Selon Thucydide, l'histoire n'était pas seulement, comme on le dit souvent aujourd'hui, l'analyse des phénomènes passés, le récit de ce qui a eu lieu, elle était essentiellement l'analyse des changements et la compréhension du présent. En vérité, la plupart des historiens du XVIIIe et du XIXe siècle n'envisagent l'étude du passé que *pour autant* qu'elle contribue à l'intelligibilité des problèmes du présent. Ce qui est évident pour Montesquieu l'est également pour Tocqueville, Michelet, Marx. Pierre Nora a bien montré que le retour en force à la coupure entre le passé et le présent – que nous connaissons aujourd'hui et que combattent les *Annales* – date du positivisme et que ce retour est associé au recours aux documents, au statut particulier des « sources[2] ». Car s'il est vrai que la distinction entre le passé, le présent et l'avenir est associée à la culture occidentale, le lien qui les relie a varié, également la nature du passage de l'un à l'autre, qui définit l'idéologie d'une époque; schématiquement, on peut juger qu'elle fut résolument pessimiste lors du christianisme triomphant et que s'annonce l'Apocalypse; puis, résolument optimiste à partir d'un retournement qui est lié à la fois aux projets de la science, à sa laïcisation et au constat que l'Apocalypse en question ne se réalisait pas. Les œuvres de l'abbé Saint-Pierre, de Turgot et surtout de Condorcet portent la marque de ce retournement et du triomphe d'une nouvelle vision téléologique de l'histoire[3]. Incarnant cette idéologie du progrès, les historiens du XIXe siècle se sont ainsi scindés, les uns cherchant à expliquer le présent par le passé, les autres établissant l'inventaire des événements qui ont conduit au présent, cette histoire événementielle banalisant l'événement actuel puisque sitôt énoncé, il devient du passé.

En témoignent la plupart des ouvrages scolaires de la « grande époque » de l'enseignement de l'histoire dans le monde occidental, U.R.S.S. comprise; chaque fois qu'une nouvelle « tranche » historique est franchie... ils ajoutent un chapitre à leur édition originale. Tous les « faits » se trouvent ainsi dotés de la même portée.

Autre procès : cette histoire-là juxtapose les « faits » utiles à la reconstruction du vécu, mais ce dispositif cache le rythme particulier de chaque catégorie de phénomènes, leur spécificité. Pour la guerre de 1914-1918, par exemple, le découpage en périodes abstraites ne permet pas de déceler que les dirigeants politiques et les simples soldats, les femmes et les états-majors, les diplomates et les soldats des tranchées ont connu un drame qui, pour chaque groupe, avait sa chronologie propre, sa respiration, ses crises, sa progression qui, toutes ne coïncident pas nécessairement. En outre, le récit chronologique ne donne pas aux faits et aux phénomènes qu'il rapporte leur résonance relative : il les évalue par rapport à leur contemporanéité; sans le recul. Pour l'étude de la Deuxième Guerre mondiale, par exemple, dans son parcours historique se suivent inexorablement les conférences de Téhéran, de Yalta, de Potsdam, dont la nature et les effets réciproques sont analysés avec soin. Mais qu'en est-il si le récit « s'arrête » à la victoire sur l'Allemagne et le Japon? Dans ce cas, on ne peut mesurer la résonance particulière de Yalta jusqu'à aujourd'hui, puisque son étude a été intercalée entre Téhéran et Potsdam. Or, il est clair qu'en 1985, les effets de Yalta sont un objet de débat, présent en Occident et en Europe centrale ou orientale alors que les conférences de Téhéran, quelle qu'ait pu être leur importance à cette époque, n'ont plus qu'un intérêt rétrospectif. Cet exemple pourrait être multiplié à l'infini; il prouve à la fois l'inanité du découpage des programmes scolaires en tranches chronologiques *équivalentes*, – et du récit qui place le camp de Boulogne au même niveau que le Code civil, alors que celui-ci a marqué la société européenne jusqu'à aujourd'hui, même si c'est celui-là qui a frappé les contemporains.

Indépendamment du grief fondamental adressé à la narration historique générale et qui porte sur le mode d'agencement de ce type d'histoire (dont F. Simiand et P. Veyne ont fait une critique exemplaire), le récit est au centre du procès qu'on fait à l'histoire générale parce que cette forme de narration donne, certes, ses sources, mais elle n'en légitime ni le choix ni le principe de juxtaposition qui peuvent ainsi varier sans crier gare. Le culte du document qui est censé l'étayer demeure tout aussi illusoire : loin de limiter la part de l'interprétation, de l'idéologie, un ensemble de documents, ce cache-sexe de l'historien, ne dit pas quel peut être le principe de leur choix, de leur organisation, de leur utilisation. Dans ce type d'histoire, le choix des faits, tout comme leur interprétation et leur agencement, laisse une part infinie au rêve *.

Pour en montrer le résultat, l'exemple de la révolution de 1905 a été choisi précisément parce qu'en Europe comme en Asie et dans le tiers monde cet événement est à la fois reconnu, analysé, quel que soit le signe de l'historiographie, et quel que soit le foyer qui le sécrète. Il témoigne qu'il n'existe pas de consensus sur l'approche des phénomènes historiques par

* Il n'existe pas d'étude critique systématique de la narration en histoire; Aziz Al-Azmeh s'emploie à l'édifier pour l'historiographie arabe[3bis].

l'étude des macro-événements. On la confrontera à une approche inverse par l'étude d'un micro-événement : un vol d'artichauts à Genève en 1743.

PREMIÈRE APPROCHE PAR UN MACRO-ÉVÉNEMENT : LA RÉVOLUTION DE 1905

Quelle fut donc cette révolution de 1905? A chacun sa vérité...

Pour Lénine cet événement fut une « répétition générale », c'est-à-dire la préparation d'une révolution, décisive celle-là, qui sera la révolution d'Octobre. Lénine énonçait ce pronostic en 1908; l'histoire, sur ce point, lui a donné raison. Toutefois, pour d'autres, il existe une façon différente de considérer les événements de 1905.

En Asie, 1905 occupe une grande place dans la mémoire historique, non en tant qu'événement qui annonce la révolution d'Octobre, mais bien parce qu'il constitue une conséquence de la défaite militaire des Russes devant les Japonais. Cette victoire du Japon sur une puissance impérialiste constitue, en effet, pour les peuples colonisés, et aux Indes notamment, le grand tournant de l'histoire parce qu'elle marque la première défaite des Blancs devant un peuple de couleur. De sorte que la révolution de 1905 apparaît comme un châtiment pour les peuples coupables de visées expansionnistes; cet événement signifie également que l'Europe ou l'Amérique n'exercent plus le monopole qui était le leur – agir sur l'histoire –; à leur tour les peuples de couleur peuvent exercer ainsi une action sur le monde qui les dominait. Ce modèle d'analyse de la révolution de 1905 est né aux Indes, ce qui s'explique aisément puisque l'Inde a été l'un des premiers peuples colonisés à animer la lutte contre l'Occident.

Le deuxième modèle, celui de la Vulgate, comporte toutes sortes de variantes. La version soviétique actuelle met en place quatre données motrices pour expliquer la révolution : la question agraire, la contradiction entre le capital et le travail, l'Etat russe « prison des peuples », les excès du pouvoir autocratique. 1905 est définie comme la première révolution de l'ère impérialiste mais le rôle de la défaite n'est pas présenté comme déterminant. Les grèves de janvier, l'appel des bolcheviks au combat, le « dimanche sanglant » et le rôle de Gapone, le développement révolutionnaire après la « trahison » des mencheviks, l'insurrection du cuirassé *Potemkine*, le rôle de Lénine, l'action du Soviet de Saint-Pétersbourg et de celui de Moscou constituent les principaux épisodes de cette histoire, jusqu'à la répression et le Manifeste du 17 octobre, qui procure bientôt un Parlement à la Russie, la Douma. Les principaux acteurs et personnages en sont : Lénine, Krupskaja, Afanasiev, le prêtre Gapone, et... Frounzé qui, à titre de témoin est cité plus souvent qu'à son tour. Une manière d'effacer Trotski, à peine mentionné bien que président du Soviet de Saint-Pétersbourg.

Dans la version géorgienne des mêmes événements, la révolution se réduit quelque peu à un dialogue entre Nicolas II et Lénine; les paysans jouent un rôle essentiel dans le soulèvement et le mouvement ouvrier n'apparaît qu'ultérieurement. Le rôle du provocateur est joué par Gorodetski, après l'échec de la révolution, pendant la répression; quant aux mencheviks, ils ne se contentent pas de « trahir », ils mènent la contre-révolution. Enfin, alors qu'on se trouve dans un pays qui borde la mer Noire, il n'y est pas question du cuirassé *Potemkine*...

En Chine, jusqu'au Grand Bond en avant, c'est-à-dire pendant la période de la soviétisation et de l'alliance avec les Russes, l'histoire puisait à plusieurs foyers, elle n'était pas, en quelque sorte, uniforme, homogène. A partir du Grand Bond, c'est la vision chinoise qui prend le dessus, et les Chinois veulent adapter l'histoire du monde aux mesures de l'histoire de la Chine. A la façon des Soviétiques, les Chinois ont ainsi construit, eux aussi, un modèle du déroulement historique dont la Chine constituerait le paradigme. Selon ce modèle, la classe qui exerce l'hégémonie n'est pas le prolétariat mais la paysannerie. De sorte que ce sont les phases de l'histoire de la paysannerie qui constituent la matrice de l'histoire. A partir de ces prémisses, quel rôle le prolétariat joue-t-il en général? Et la révolution de 1905 en particulier? Selon les Chinois, l'exemple de 1905 incarne l'*échec* du mouvement révolutionnaire. 1905 sert de leçon au mouvement ouvrier qui va en prendre la leçon en 1917 et, en quelque sorte, agir autrement. Alors qu'en Chine, puisque l'histoire avance grâce aux mouvements *paysans*, à eux seuls 1905 constitue un contre-modèle.

Ainsi 1905 joue une fonction différente selon les idéologies, selon les régimes. La vision occidentale perd-elle de son intérêt pour autant? Indiquons la version « révisionniste » telle qu'elle est énoncée aux Etats-Unis, au moins par A.G. Mazour et J. People. Dans le chapitre consacré à l'impérialisme et aux difficultés de l'Europe, au milieu duquel se trouve « la Russie qui reste un pays autocratique », il est consacré deux pages à la révolution de 1905 : cela est peu mais raisonnable pour un livre de 500 à 600 pages qui traite de l'histoire du monde des origines à aujourd'hui. Dans l'ordonnancement des événements la guerre avec le Japon précède normalement la révolution de 1905, dont on explique les origines. Il est dit du mouvement révolutionnaire russe « qu'il passe du terrorisme au socialisme ». Puis il est expliqué que la révolution de 1905 est la révolution de l'*union nationale*, puisqu'on y trouve à la fois les ouvriers en grève, les magasins fermés par les marchands, les industriels qui arrêtent volontairement la marche de leurs usines pour participer au mouvement, les avocats qui refusent de plaider et les domestiques qui quittent leurs maîtres. Devant ce mouvement unanimiste, Nicolas II doit céder et signer le Manifeste d'Octobre. Ensuite on explique que l'armée a réprimé, mais trois raisons sont données pour expliquer l'échec de la révolution : 1°) Les soldats sont restés loyalistes, 2°) la France a aidé le gouvernement de Nicolas II, et

3°) « *as usual* », les révolutionnaires se divisent. A ces données il convient d'ajouter quelques faits : la liste des personnages que l'on cite, et ceux que l'on ne cite pas. Dans ce chapitre, ni « Marx », ni « le marxisme » n'apparaissent. Le Soviet n'apparaît pas non plus : il n'en est pas question. Enfin Trotski disparaît également « dans les poubelles de l'histoire »; mais il n'est pas le seul puisqu'il s'y trouve avec Lénine.

Les auteurs reprennent ainsi pour 1905 l'argumentation des analystes traditionnels de la révolution de 1917 : un soulèvement unanime détourné par des usurpateurs, les bolcheviks. Le mieux, pour enraciner cette démonstration, consiste ainsi à faire remonter le modèle jusqu'en 1905[4]...

Enfin il n'y est pas question du *Potemkine*. En vérité, dans cette affaire du *Potemkine*, la légende a fini par prendre le pas sur l'histoire. Aujourd'hui, c'est le film d'Eisenstein qui demeure le témoignage le plus puissant sur la révolution; le chef-d'œuvre demeure vivant alors que les analyses se contredisent et se neutralisent, que l'événement s'éloigne, qu'il perd de son actualité, se dissout lentement. Pour sa part le film est toujours là *. Or, une bonne partie de l'histoire que raconte ce film est illusoire. Mieux : en 1925, lorsque Eisenstein prépare son film pour commémorer la révolution de 1905, il

* On retrouve ici le phénomène signalé à propos de Jeanne d'Arc et de Shakespeare, et qui se répète avec Soljenitsyne, un autre géant de l'histoire romanesque; vrai ou faux, son témoignage a plus de poids que tous les documents, officiels ou pas.

écrit lui-même « qu'alors, l'épisode du *Potemkine* était tombé dans l'oubli. Où que nous parlions de la mutinerie de la mer Noire [...], on nous parlait immédiatement du lieutenant Schmidt et de l'*Otchakov*. La mutinerie du *Potemkine*, on s'en souvenait moins, elle s'était effacée du souvenir. »

En vérité, elle avait bien eu lieu. Et les détails qu'Eisenstein a représentés sont souvent authentiques : depuis les vers qui grouillent sur la viande destinée à l'équipage, le médecin qui la juge saine, la solidarité des habitants envers les victimes, la « percée » au travers des navires loyalistes. Ces détails sont souvent authentiques, mais l'esprit également : révolte d'hommes humiliés, la mutinerie marqua bien le passage de la prostration individuelle à l'exaltation collective au travers d'une prise de conscience révolutionnaire comme il en existe peu dans l'histoire des temps.

Alors, pourquoi ce silence et cet oubli? Eisenstein s'en est expliqué : « Pour la sauvegarde de la vérité, il faut savoir tromper cette vérité. » Rien n'est plus faux, en effet, que l'apothéose ultime du cuirassé *Potemkine*. Sa fin fut pitoyable : une partie de l'équipage fut mise en fuite par une poignée de soldats à Theodosia; une autre fit sa reddition à Constanza; les marins furent proscrits, ou émigrèrent en Argentine. Aucun ne revint pour rejoindre les organisations clandestines ou y jouer un rôle, même symbolique. Pas même en 1917. Et puis, la mémoire officielle ne pouvait perpétuer – avant Eisenstein – un navire dont le principal meneur était un socialiste révolutionnaire, pas un bolchevik; elle ne pouvait pas non plus sauvegarder la mémoire d'une mutinerie qui ne se greffa jamais sur l'action du parti et fut toujours en retard sur le mouvement insurrectionnel très ample qui, à la veille de la mutinerie, en était déjà au stade de la grève générale réussie. Le *Potemkine* passait pour un des navires les moins « politisés » de la flotte; et de fait, ni les efforts des militants qui s'y trouvaient, ni ceux des délégués social-démocrates montés à bord ne parvinrent à détourner l'équipage de ses objectifs qui étaient, non de faire la révolution avec les insurgés d'Odessa, mais de soulever la flotte tout entière. Ainsi il n'y eut aucune coordination entre le mouvement des marins et celui des organisations révolutionnaires, encore moins contrôle des organisations sur les activités des marins. Dans ces conditions la mémoire officielle ne pouvait pas retenir l'histoire du *Potemkine*; quant aux habitants de la région, ils savaient bien que cette histoire s'était mal terminée. Qu'Eisenstein transfigure la défaite du *Potemkine* en apothéose est tout à fait raisonnable puisque la victoire finale a appartenu, en octobre 1917, à d'autres marins, ceux de l'*Aurora* – qu'Eisenstein ait inventé un massacre sur les escaliers d'Odessa se légitime aussi puisqu'il s'agit d'une œuvre d'imagination, d'une œuvre d'art.

Mais le point important ici est que l'histoire officielle, à Moscou, a dû *réintégrer le Potemkine* dans la mémoire de l'histoire; qu'aux bords de la mer Noire, à cause de « ceux qui savaient », en

Géorgie, elle a dû à nouveau le faire disparaître, mais pour une autre raison qu'avant 1925 : eût-elle évoqué la victoire du *Potemkine* que toute l'histoire officielle, et pas seulement 1905, en fût devenue suspecte. Et suspecte, la légitimité de ceux qui s'appuient sur « la vérité de l'histoire » pour justifier leur droit à gouverner[5].

Dans ces conditions la tentation est forte de juger que les grands événements sont insaisissables, les grands problèmes historiques insolubles et qu'on ne saurait les étudier scientifiquement. Certains en ont décidé ainsi qui ont confondu l'analyse des événements et l'histoire événementielle, celle-ci identifiée au reste à une simple chronique ou à une forme d'exposition, le récit. Poussée à l'absurde, la même confusion peut conduire à analyser seulement les phénomènes qu'aucune institution historienne n'aurait manipulés : par exemple, les rapports familiaux ou les rations alimentaires, et à éliminer tous les autres. Bref, à ne faire l'histoire que de ce qui, pour la société, n'était plus de l'histoire. Cette dérive est bien le résultat d'une faillite : à force d'avoir identifié l'histoire générale à la vérité en histoire, toute la discipline a été mise en cause dès qu'on s'est aperçu que cette vérité pouvait être un mythe, et ses procédures, une duperie. Or, s'il existe effectivement des certitudes que l'analyse historique a énoncées, celles-ci demeurent encore particulières. Peu à peu elles se greffent pourtant sur l'histoire générale : même l'histoire contemporaine de la Troisième République, thème périlleux s'il en est, possède ainsi quelques assises solides, et sur les problématiques les plus complexes : typologie des attitudes de la droite (grâce à R. Rémond), modalités de rapports comparés entre syndicalisme et socialisme (grâce à J. Julliard), système organisationnel du P.C. français (grâce à Annie Kriegel) etc.; des événements les plus débattus, on possède également une connaissance, quelquefois partielle, mais irréfutable : on savait, certes, que Dreyfus était innocent, mais on ignorait les données de l'itinéraire de ses partisans et de ses adversaires, la composition sociale des milieux antisémites, au moins certains d'entre eux. Peu à peu l'édifice se construit...

En outre, même contestée, toute vision partisane de l'histoire est aussi histoire, à condition de la présenter comme telle et de considérer que l'inventaire des croyances et des mythes, ces vérités multiples, participe à la constitution de l'identité d'un groupe, d'une famille spirituelle, d'une région, d'une nation. De sorte que l'histoire traditionnelle, avec ses variations et ses variantes, avec ses faits, ses dates et ses événements, constitue un élément nécessaire à l'intelligibilité des phénomènes historiques même si sa vérité peut être mise en cause. Ce n'est pas parce que l'on ne peut pas prouver que Jeanne d'Arc a entendu des voix qu'il convient de ne pas faire savoir qu'elle dit en avoir entendu.

Il reste qu'on peut observer que l'histoire

générale, qu'elle soit officielle ou pas, élimine plusieurs aspects de la vie des sociétés :

1. Les événements locaux, puisque le déroulement de l'histoire est perçu à partir d'un centre qui en donne le sens : ce qui ne participe pas à cette prise en charge est considéré comme hors de la grande histoire. L'histoire locale ou régionale a été ainsi longtemps considérée comme une simple monographie : le changement est venu d'une part, des travaux de Pierre Goubert qui ont retourné la perspective en montrant avec l'exemple du Beauvaisis que l'histoire locale pouvait servir de révélateur à l'histoire générale; d'autre part, les historiens polonais l'ont transfigurée en un instrument, un modèle qui permettait d'étudier les autres régions – par exemple, celles annexées par l'U.R.S.S.

2. La vie quotidienne, dont le statut a changé, lui aussi, depuis un demi-siècle : complet retournement aujourd'hui où, sous couvert d'un retour au vécu, à la connaissance d'une histoire vue par en bas, le recours à ce type d'histoire autorise une dépolitisation, une évasion à moindre risque pour le narrateur, l'éditeur, le consommateur.

3. Les faits divers, longtemps considérés comme non-événements, voire comme événements sans importance. Effectivement le fait divers révélateur du mauvais fonctionnement des sociétés, de leurs institutions, constitue un symptôme plus qu'un signe de changement. Ecarté de l'histoire traditionnelle parce qu'inintéressant, sans portée, le fait divers constitue, au contraire, une proie toute désignée pour l'his-

toire expérimentale. Celle-ci a tardé à l'analyser – tout comme elle a hésité à analyser les images – parce que, comparées à l'autorité des institutions, à l'histoire qu'elles sécrètent, aux puissants moyens qu'elles mettent en œuvre, ni l'étude d'un viol ou d'un accident, ni une image-spectacle ne paraissaient pouvoir donner à la science historique les forces qui assurent une véritable respectabilité : en revanche, la démographie ou l'économie avec leur arsenal de codes, de chiffres, avec leurs ordinateurs – ou encore l'anthropologie avec des modèles de plus en plus compliqués appliqués à des sociétés inaccessibles, constituent des approches qui, grâce à ces appareils et au jargon qui leur fait cortège, assurent nécessairement au professionnel des satisfactions d'ordre symbolique ou académiques.

DEUXIÈME APPROCHE : PAR UN VOL D'ARTICHAUTS À GENÈVE EN 1743

La leçon de 1905 pourrait se répéter pour bien d'autres événements de l'histoire. Elle témoigne qu'à l'inverse de ce que jugeait Thucydide, l'étude des phénomènes généraux ne permet pas d'atteindre à la « vérité historique ». Aussi, la recherche des mécanismes et des « lois » exige une étude des sociétés à partir de phénomènes historiques d'une autre nature. A partir de micro-événements locaux, aussi bien parce que ces faits ne sont pas récupérés par la grande histoire et parce qu'ils sont jugés non significatifs. De la sorte, l'historien a quelque chance de contrôler à la fois l'information, d'en faire l'analyse, de vérifier ses dérives. Cette démarche explique pourquoi il existe des historiens qui sont partis du microcosme pour comprendre le macrocosme – ce qui est la démarche de Le Roy Ladurie dans *Montaillou*, de Guinzburg, d'autres encore. Mais il est possible d'aller plus loin, de saisir un événement tout à fait *insignifiant* pour mieux analyser les mécanismes de la vie sociale.

Les faits divers constituent des indicateurs de la santé d'une société, comme on a dit. Toutefois, pour être opératoire, leur analyse doit être poussée à sa limite, et ne pas se limiter à l'examen d'un fait divers qui a joué le rôle d'un (petit) événement, par exemple l'affaire Fualdès ou celle du Courrier de Lyon. Mais bien examiner au contraire un fait divers anodin, par exemple un simple vol d'artichauts, à Verny, canton de Genève, en 1743 (voir les minutes du procès, en annexe).

En tirer le fil permet d'imaginer le type d'analyse historique qui peut ainsi se construire à partir d'un menu fait bien *localisé*. On inverse alors la démarche de l'histoire traditionnelle qui analysait les faits jugés essentiels[6]. Mais on résout au moins l'un des problèmes de l'histoire générale qui omet de *maintenir le contact entre le passé et le présent, le local et le général.*

Grand est l'intérêt de ce procès pour l'intelligibilité des phénomènes historiques[7]. (Voir la minute du procès en annexe, document 5).

En premier lieu, son déroulement et sa substance permettent d'observer un certain nombre de permanences et de changements du XVIIIe siècle à notre époque contemporaine : le caractère expéditif du double interrogatoire, sur l'accusation d'un seul témoin qui se trouve être également le plaignant est suivi d'un jugement immédiat qui procède de la même personne; on note également que le caractère anodin du délit n'est pas même évoqué, alors que l'accusée n'a que seize ans, et que personne ne lui demande pourquoi elle l'a commis. La peine du bannissement, à cette époque, est très grave puisque cela signifie que la jeune Pernette, pour toute sa vie, ne peut plus revenir dans son village, dans son canton; elle est exilée à jamais. Sans doute l'absence de pénitencier rend compte de cette sentence. Celle-ci témoigne à la fois de la sévérité avec laquelle la propriété privée individuelle est défendue alors qu'à la différence des biens matériels l'état civil d'une personne compte peu : la jeune Pernette ignore si son nom est celui de sa mère ou de son père et cela ne suscite aucune question. Sans doute est-elle analphabète, d'un milieu populaire puisqu'elle est en « journée »; on imagine volontiers que la sentence eût été moins grave si elle n'avait pas varié dans ses réponses, « essayé de tromper la justice », alors qu'elle ignore certainement, à cet âge, que varier ainsi et sans raison particulière constitue, pour la Justice, une présomption de culpabilité. Qui le lui aurait enseigné? Au reste, on cherche à l'inculper de délits que, semble-t-il bien, elle n'a pas commis.

L'examen de ce vol d'artichauts autorise ces quelques observations comparatives sur un délit – il y a deux siècles et aujourd'hui. Consultée, Me Benoliel, avocate au barreau, explique ce qui se passerait en 1985. Ou bien la victime ferait une simple déclaration de main courante, ou bien elle irait jusqu'à porter plainte. En tout état de cause, un agent du commissariat accompagnerait alors la victime sur le lieu de la vente, pourrait demander à Pernette de les suivre au commissariat. Là, une procédure de conciliation pourrait être immédiatement proposée, la délinquante indemnisant la victime. Sinon, l'inculpée, si elle avoue, pourrait passer le jour même en saisine directe, au terme de la nouvelle loi de 1983; pour ce délit, la peine est de trois mois à trois ans de prison, selon les circonstances; mais le délit ayant été commis ou tenté par escalade la peine serait de un an à cinq ans, et même de un an à sept ans si l'heure du délit (très tôt) se situe avant le lever du soleil. En tant que mineure, toutefois, cette peine serait réduite de moitié et on peut imaginer qu'aujourd'hui elle serait condamnée à une peine de un mois de prison avec sursis, à titre d'avertissement, et à une amende de 500 francs[8].

Ainsi l'adoucissement des peines est très net, entre le XVIIIe siècle et aujourd'hui. Tel est le changement essentiel, avec la discrimination faite en faveur des mineurs. Demeure pourtant l'indifférence de la sentence à la nature de l'objet volé; demeure aussi la nature des circonstances aggravantes : elles n'ont pas changé depuis le XVIIIe siècle tout comme *demeure l'ignorance du droit.* Ni l'enseignement de l'histoire, ni l'instruction civique ne donnent à en connaître.

En ce sens les sociétés traditionnelles ont souvent une pratique du droit qui, pour n'être pas nécessairement légale, est *au moins* connue de chacun, puisqu'elle émane de la coutume.

Qu'en est-il, par exemple, d'un vol de bétail dans la région méditerranéenne?

Entre le passé et le présent, un vol d'artichauts ne suscite pas le même châtiment. Encore n'y a-t-il pas rupture dans l'appréhension du même acte; en 1743, comme aujourd'hui, il s'agit également d'un délit et, dans le cas de Pernette, les deux fois avec circonstances aggravantes.

Or, la nature du délit de vol n'est pas partout appréhendée de la même façon. La disparition d'une brebis dans le midi de la France, en 1845, pousse les victimes du vol, les trois frères d'une famille, à poursuivre les voleurs pendant six semaines, à les attaquer ensuite à coups de pierres, de sorte que l'un d'eux en perdit la vie. Cela s'explique, selon Claverie, parce que se laisser dérober quelque chose est considéré comme le signe d'une incapacité à gérer son bien. Le voleur est, certes, déshonoré, mais le volé également, à moins qu'il ne se venge. En Corse, encore aujourd'hui, le sens de l'honneur commande, de sorte que même l'occasion ne fait pas toujours le larron : assurer la garde d'une brebis égarée, par exemple, est une sorte de devoir collectif, et s'en emparer pour la vendre au lieu de l'adopter jusqu'à rétrocession à la victime, est considéré comme une atteinte à la solidarité et est sévèrement stigmatisé par la communauté. On retrouve là, au reste, un précepte du Deutéronome. En Sardaigne, au moins dans certaines régions, telle la Barbagia, la notion même de vol n'existe pas pour le bétail, puisque tous les habitants d'un même canton ont des droits égaux à la fois sur les pâturages et sur le bétail qui y vit. De sorte que la prise d'un animal, pour s'en nourrir, n'est pas considérée comme un fait offensant. Cela le devient lorsque l'acte est accompli pour causer un dommage volontaire à quelqu'un : par exemple, prendre l'unique chèvre d'un foyer isolé, ce qui cause un dommage qui n'est pas, pour autant, identifié à un vol; car la notion de vol n'existe pas dans cette société demeurée traditionnelle : tout est régi par les principes de l'honneur[9].

Dans d'autres sociétés, d'autres mœurs, d'autres représentations, selon la coutume Xhosa, en Afrique du Sud, une vache ne peut pas être l'objet d'un troc, en échange de tabac, d'objets de métal. L'usage est de restituer un des rejetons de la vache, ou la vache elle-même. Dans leurs échanges avec les Xhosa, les Hollandais les accusaient de vol parce qu'une fois un troc achevé, les Xhosa revenaient, quelque temps plus tard, récupérer la vache ou l'un de ses rejetons. Ne comprenant pas les termes de l'échange, ignorant le droit Xhosa, les colons se jugeaient dupés car la reprise de l'animal s'effectuait indépendamment du nombre d'animaux concernés par le troc, alors qu'une femelle, pour les Xhosa, jouait simplement le rôle d'un gage[10].

Exposés sommairement, ces exemples pourraient être multipliés et confrontés à d'autres : dans quels cas de vol pratique-t-on la peine de la main coupée en pays d'Islam; pour tel ou tel délit le musulman, chiite ou sunnite, sait-il ou non la peine qu'il encourt? Cette comparaison s'appuie sur des pratiques réelles, attestées par les archives. Elle autorise une réflexion sur le fonctionnement des sociétés qui est historique; mais ses procédures diffèrent de celles de l'histoire événementielle; elle n'en est pas moins autant de l'histoire que la révolution de 1905, mais autrement.

On comprend mal pourquoi l'analyse sociologique comparative à partir du vécu des sociétés, que préconise la nouvelle pédagogie, exclurait l'autre histoire – et réciproquement.

SAVOIR ET SAVOIR-FAIRE : OBJETS ET APPROCHES DE L'HISTOIRE.

L'histoire du vol d'artichauts permet une comparaison entre le passé et le présent, entre l'ici et l'ailleurs. Il introduit à la relativité de la notion de vol, selon les sociétés, à son ancrage historique, à la redéfinition de la notion de propriété selon les cultures et les civilisations; aujourd'hui, encore, un certain nombre de nations indiennes d'Amérique du Nord, par exemple, refusent de reconnaître le droit à une quelconque propriété privée de la nature.

L'analyse d'un vol de cette nature autorise d'autres approches, des observations différentes. L'approche statistique par exemple. Une étude du vol d'aliments à Paris au XVIIIe siècle a permis à Arlette Farge d'établir qu'il y a augmentation de vols de cette nature à partir de 1750; une partie grandissante de la société est disponible au crime, signe et manifestation d'un écart économique croissant entre les différents groupes sociaux vivant en ville. La multiplication des pauvres est une première constatation; en est une seconde l'isolement des délinquants par l'appareil judiciaire qui incarne un groupe social puissant aux devoirs précis. Arlette Farge note ainsi que « le cas de nécessité », bien présent pourtant dans la loi, demeure totalement inappliqué, ce qui s'explique par le refus de voir que les nécessiteux existent[11].

L'étude du fait divers conduit ainsi à un repérage des symptômes qui définissent l'état de santé d'une société; loin d'être des non-événements, des faits fortuits, sans signification, inintéressants, – ce qu'ils demeurent pour les Eglises, les gouvernements, les partis politiques, – ils sont situés dans des écarts du fonctionnement institutionnel constituant ainsi un révélateur et une nécessité de l'histoire.

Les deux exemples choisis – celui de la révolution de 1905 et celui du vol d'artichauts à Genève en 1743 – permettent de repérer quelques-uns des liens que l'analyse historique peut établir entre le passé et le présent, entre un événement local et l'histoire générale. *Ces exemples* ont été choisis parce qu'ils *se situent aux deux extrémités d'un mode de classification des faits historiques* : l'événement géant, reconnu par toutes les sociétés et le non-événement banal comme la plupart des sociétés en ont l'expérience; celui-ci n'en est pas moins en rupture avec le quotidien qui constitue, si l'on peut dire, un troisième versant de la vie des sociétés. Le fait divers est ainsi bien doté d'un statut particulier; à la différence de l'événement – au moins tel que les Grecs le définissaient – il ne détermine en effet aucun changement durable dans la vie des sociétés. Pourtant, étudié en série – comme l'a fait précisément Arlette Farge pour les vols d'aliments à Paris, il rend intelligible le comportement collectif des groupes sociaux les plus pauvres pendant les journées révolutionnaires de 1789, pour autant que leurs intérêts réels n'avaient pas été pris en compte. Par cette méthode et cet itinéraire, l'histoire expérimentale rejoint la conscience de l'histoire, les sociétés enregistrant, certes, les faits divers, mais l'histoire traditionnelle les rejetant comme non significatifs.

Le cas de ces deux exemples pose également, et une fois encore, le problème du récit.

Lorsque la commission Girault-Le Goff a jugé nécessaire à l'analyse historique la connaissance du passé de la nation et a estimé que son intelligibilité avait pour condition nécessaire, sinon suffisante, l'étude chronologique, un certain nombre de maîtres, épris d'une pédagogie novatrice, ont poussé un cri indigné : on en revenait à « l'histoire de papa ». Or, il n'en est rien; et ils s'en seraient aperçus si seulement ils avaient lu un seul ouvrage de Le Goff ou de Girault[12].

Doit-on le dire une nouvelle fois : sous sa forme dominante, l'analyse historique traditionnelle s'identifiait au récit chronologique qui, au terme d'un long parcours, d'un « parcours du combattant », menait du plus lointain passé au présent; un récit chronologique qui était considéré comme l'expression de la *vérité* historique et comme quelque chose d'achevé. Celle-ci connaissait un certain nombre de passages obligés. Or, il est clair que ces passages obligés, ces « dates », ces chronologies, on s'aperçoit aujourd'hui qu'il en existe autant qu'il existe de foyers qui les produisent, les définissent, les sélectionnent. En outre, dans l'histoire traditionnelle, aucune démonstration n'authentifiait la nature du « montage » que constitue un récit historique, l'agencement de « faits » que l'auteur a sélectionnés, les sources étaient citées, mais pas le principe de leur sélection. Or, ce récit s'identifiait tantôt à l'histoire des grands et des puissants – l'histoire *from above* des rois et des grandes découvertes de la médecine, des organisations politiques et syndicales ou des grands écrivains –, tantôt ce récit abordait la société par en bas – *from below* – tel Georges Lefebvre, avec son étude pionnière sur les *Paysans du Nord pendant la Révolution*, – et bon nombre d'œuvres marxistes, ou de l'école des *Annales*; tantôt l'auteur examinait les phénomènes du dedans – *from within* – par exemple des témoins de l'histoire que sollicite l'histoire orale, tels ceux qui y ont participé sans jouer pour autant un rôle moteur, ainsi ces jolies *Filles de Mardochée*; d'autres, enfin, pouvaient construire leurs analyses du dehors – *from without* – tels ces historiens qui construisent modèles et cas de figure. Or, aujourd'hui et bien souvent, *ces quatre perspectives se croisent* et interfèrent sans que le narrateur communique la formule de son agencement[13]. A l'inverse, Braudel donne la clé de son analyse puisqu'il en indique le référent, les principes d'organisation; le fil de sa narration est, certes, un récit *mais* dont le statut est explicite tout comme les objets en sont nouveaux : chronologie de l'histoire du poivre, historique des routes terrestres et de leur rivalité avec les routes maritimes, etc. Il s'agit ainsi tantôt d'un récit particulier, tantôt d'un récit global, d'un étage à l'autre de la vie économique des sociétés. Simultanément, d'autres historiens ont adopté une approche problématisante : F. Furet en est sans doute le meilleur analyste, le meilleur théoricien.

De sorte que cette histoire-là est sans rapport avec l'histoire traditionnelle, même si elle part du passé pour aboutir au présent, l'analyse des changements étant, depuis l'Antiquité, un des traits qui définissent la science historique. Par ailleurs, connaître et comprendre le passé, ses liens avec le présent, consiste *d'abord* à connaître et à confronter les récits que la mémoire historique a conservés et composés, *mais* en cessant d'identifier *un seul* de ces récits à celui qui sécrète la vérité historique, – autre différence avec « l'histoire de papa ». Cette différence apparaît dans le mode d'approche de 1905 appliqué ici. Pour que le sens de cette révolution soit intelligible, pour en comprendre la portée, la connaissance de ces différents récits avec leur chronologie propre est une nécessité. Supprimer la narration de chacun de ces récits sous prétexte qu'aucun d'entre eux n'est vrai reviendrait à rendre aléatoire toute connaissance du passé, toute intelligibilité de la conscience historique des sociétés *. Les confronter révèle, au contraire, à la fois l'histoire telle qu'elle a été vécue et la fonction actuelle de l'histoire – ce qui n'exclut pas pour autant de prendre en compte des analyses de la crise de 1905 avec des procédures scientifiques puisque ces analyses existent.

La deuxième différence d'avec l'histoire traditionnelle vient précisément du fait que le récit, simple ou multiple, a joué, dans le cas double examiné ici, le rôle d'un simple élément, d'une *étape* de l'analyse. Pour la révolution de 1905 ou le vol d'artichauts, le récit sert de point de départ – non de point d'aboutissement comme il l'était naguère. Le récit est ainsi devenu le matériau d'une étude, qui peut être critiqué, ce qui serait

* Au nom de cette logique, certains jugent superflu tout savoir sur les guerres ou sur les réformes institutionnelles de Napoléon 1er – par exemple. Le résultat est que, dans nos sociétés dominées par les nouveaux médias, les citoyens sont aujourd'hui plus familiers avec la guerre de sécession ou la conquête de l'Ouest américain.

une narration d'un autre type. Un récit qui ne serait plus une récitation. Un récit qui constituerait un point de départ pour la connaissance historique.

A Soazig, ma petite-fille âgée de quatre ans, je raconte inlassablement Vercingétorix ou les oies du Capitole sans en changer un mot, autrement elle proteste. Inlassablement elle écoute cette histoire... Ultérieurement, quand elle sera plus âgée, il sera temps de dire les variantes, de comparer les récits, d'analyser les témoignages, de faire de l'histoire.

D'abord conserver, ensuite rendre intelligible : double fonction de l'historien.

REMERCIEMENTS

L'idée de cet ouvrage m'est venue lors de la préparation d'Une Histoire de la Médecine série de films pour la télévision réalisés en collaboration avec J.-P. Aron : c'est dire toute ma gratitude à son endroit. Elle va également au Dr Grmek qui a suivi plus outre l'hypothèse centrale de ce texte et m'a indiqué les lectures qui permettaient de la vérifier, de l'expérimenter.

Dû à une initiative de Frederic Ferney et des Editions Calmann-Lévy qui en ont suivi avec sympathie l'écriture, ce livre a plusieurs créanciers. Ma principale dette va, évidemment, à mes amis de la direction des Annales puisque ce texte est le produit, sans doute insolite, de mes réflexions au sein de cette équipe – même si, on l'imagine, je suis seul à les assumer. Ma reconnaissance va plus particulièrement à Lucette Valensi et à Jacques Revel, à qui je dédie ce livre, car ils ont suivi de plus près l'élaboration de la partie centrale de cet ouvrage (« Clio, entre le Dr Marx et le Dr Knock ») et leur sollicitude inquiète pour le succès de mon entreprise, signe d'amitié, n'a pas manqué de me con-

traindre à jeter à la mer un texte qui, autrement, eût risqué de demeurer dans nos archives... Il est vrai que je n'ai pas manqué d'encouragements et que ceux-ci m'ont aidé à aboutir : Michel de Certeau et Régine Robin, Cl. Herzlich et Cl. Lefort, Maria Pia di Bella et Annie Goldmann, toujours vigilante et lucide, m'ont apporté le grand réconfort de leur appui, – et de leurs observations.

Christine Murco a su mettre sens dessus dessous des passages entiers de mon texte; la remercier d'en avoir assuré la frappe ne donnerait qu'une faible idée de sa participation à son élaboration. Il n'est pas jusqu'au directeur de collection, Anthony Rowley, qui, avec un coup d'œil qui en dit long sur ses qualités, n'ait su m'amener à opérer douze changements, dont sept ajouts, une suppression et quatre restructurations. Je ne sais comment, à l'un et à l'autre, exprimer ma gratitude.

NOTES

PREMIÈRE PARTIE
LES FOYERS DE LA CONSCIENCE HISTORIQUE

CHAPITRE PREMIER. – *La fonction de l'historien*

1. M. DE CERTEAU, dans *Faire de l'Histoire*, [97], I, P. 8; et Marc FERRO, « Instincts/Institutions, note d'introduction à une étude du *consensus* », *Mélanges Morazé*, Paris, 1979, p. 387-390.

2. B. GUENÉE et G. HUPPERT, [73] et [81], ainsi que D. JULIA, [86] et MOMIGLIANO, [112], 108.

3. Pour la France, sur ce thème, on renvoie aux travaux de P. NORA : F. FURET, J. et M. OZOUF, cités. Pour l'Angleterre, cf. S. BAUDEMONT, [9], p. 179, et suiv.

4. F. HÉRAIL et P. SOUYRI, [78], [79].

5. C. AMALVI, [1], p. 57-125.

6. *Op. cit.*, note 4.

7. M. CORNEVIN, *l'Apartheid, pouvoir et falsification historique*, Unesco, 1979.

8. Abbé GROULX, *l'Histoire acadienne*, Montréal, 1917, 32 pages. Nous remercions vivement Karine Pigeaud, boursière à l'Université de Moncton, de nous avoir fait connaître et procuré ce texte.

9. Sur les musées, lieux privilégiés de la mémoire historique, renvoyons à la contribution de Madeleine REBÉRIOUX, dans *les Lieux de la mémoire*, collectif sous la direction de Pierre NORA, en voie de publication.

10. Résumé à partir de HUPPERT, cité note 2, pp. 204-216.

11. J. LECUIR, dans JOUTARD, *Historiographie de la Réforme*, Neuchâtel, 1977.

12. F. Furet, *Penser la Révolution française, passim.*

13. L. Dumont, *Homo hierarchicus*, Paris, 1966.

14. Enteen, [47] et Fitzpatrick, *Education and social mobility in Soviet Uni 1921-1934*, Cambridge, 1979.

15. A. Teyssier-Tchernichev, [142].

16. Enteen, [47].

17. Marc Ferro, [53], le chapitre sur la Pologne; A. Kwiatkowska-Viatteau, *Katyn*, Bruxelles, 1982.

18. *Ibidem.*

19. F. Furet, [63].

20. F. Braudel, *le Monde actuel*, E. Belin, 1977, pp. 145-171.

21. S. Baudemont, *op. cit.* p. 139 et suivantes.

22. *Nouvelle Histoire de la Suisse et des Suisses*, Lausanne, 1984, 3 vol.

23. Tenbrock, R. H., *Geschichte Deutschlands*, Munich, réédité depuis 1965. Outre Dottelonde, sur la Corse, voir les thèses de R. Jannover sur la Savoie, M. Nicolas sur la Bretagne, J.-P. Malherbe sur le nationalisme basque, etc.

24. Marc Ferro, *la Révolution de 1917*, Aubier, 1967, pp. 289-311. 311.

25. Carbonell, *Histoire et historiens, une mutation idéologique des historiens français, 1865-1885*, Privat, 1976, p. 453 et suivantes.

26. D. Maingueneau, [103].

27. Hansi, *Histoire de l'Alsace*, rééd. Herscher, Paris, 1983, et P. Ayçoberry, *Une histoire du Rhin*, Paris, Ramsay, 1982.

28. Eugène Weber, *la France des terroirs*, Paris, Fayard, 1983.

29. Lucette Valensi, *le Maghreb avant la prise d'Alger*, Paris, 1969.

30. *History of India, Pakistan and Ceylon*, edited by C. H. Philips, Londres, 1961.

31. N. A. Berdzenisvili, *Istorija Gruzii*, Tbilissi, 1963; et *Istorija Armjanskogo Naroda*, Erevan, 1967.

32. A Ezergailis, *The 1917 revolution in Latvia*, Columbia, 1974, 284 pages.

33. Exemples recueillis dans R. Preiswerk et D. Perrot, *Ethnocentrisme et Histoire*, Paris, 1975.

34. *Ibidem.*

35. A. Miquel, *Géographie humaine du monde musulman,*

Paris, Mouton, 1975, 2 vol, et B. LEWIS, *Race et couleur en pays d'Islam*, Paris, Payot, 1983.

36. Philippe FARGUES, *Aspects idéologiques de l'enseignement de l'histoire en Egypte*, thèse, E.P.H.E., 1973, et manuels égyptiens.

37. P. SOUYRI, [137].

38. Marc FERRO, *la Révolution de 1917*, tome II, pp. 412-422.

39. *L'Histoire*, nº 69, « *Le temps des colonies* ».

40. B. LEWIS, *op, cit.* note 35 et Robert JAULIN, [84].

41. Claude PERROT, « le Temps dans la société Agni », *Annales*, 1972.

42. – Sur le parcours de l'oubli, outre MITSCHERLISCH [111], lire l'article de Béatrice VILLATE, in *Film et Histoire* [58].

43. – M. BOZON et A.-M. THIESSE, « la Représentation de l'histoire chez ceux qui la subissent » in [36].

CHAPITRE II. – *La contre-histoire et les foyers épars de la conscience historique.*

1. B. LEWIS, *History remembered, recovered, reconstructed*, Princeton, 1975; et Y. H. YERUSHALMI, *Zakhor, histoire juive et mémoire juive*, la Découverte, 1984.

2. S. TRIGANO, *la Demeure oubliée, genèse religieuse du politique*, Paris, 1984.

3. *Ibidem* et S. INGERFLOM, « les Socialistes russes et les pogroms de 1882-1883 », dans *Annales*, 1982, p. 3.

4. F. FURET, [63], pp. 291-297.

5. F. RAPHAËL, [125].

6. C. VEGH, [147].

7. *The aborigenal children's history of Australia*, Melbourne 1977, résumé dans Marc FERRO, [54].

8. Sur *Pamjat*, voir l'analyse de M. HELLER, *Cahiers du monde russe et soviétique*, 1983.

9. Alexis BERELOWITCH, « Un fait inouï », *Essais sur le discours soviétique*, 1983, 3, pp. 125-152, Grenoble III. B.P. 25X. 38040 Grenoble Cedex.

10. Voir CHARBONNIER, [29] et Gerrit W. GONG, *The standard of « Civilisation » : International Society*, Oxford, 1984, 268 pages.

11. *Historical Negro Pamphlets,* reprint, 1968.

12. Josefina VASQUEZ DE KNAUTH, *Nacionalismo y educacion en Mexico,* Mexico, 1970 et D. A. SIQUEIROS, *l'Art et la Révolution,* éd. Sociales, 1973, 318 pages.

13. On utilise l'analyse de Jean LARZAC, « Histoire de la colonisation », dans *le Petit livre de l'Occitanie,* éd. du Comité occitan d'Etudes et d'action, 4 Vertats, Ardoana, 34 Saint-Pons, 250 pages. Une étude globale, avec bibliographie, de la contre-histoire se trouve dans l'excellent petit ouvrage de C. GENDRE et F. JAVELIER, [68].

14. M. DE CERTEAU, D. JULIA, J. REVEL, *Une politique de la langue, la Révolution française et les patois,* Paris, Gallimard, 1974, 318 pages, et Robert LAFFONT, *la Révolution régionaliste,* Paris, Gallimard, coll, « Idées » 1967.

15. P. DOTTELONDE, *la Revendication corse,* thèse, 3e cycle, Fondation nat. des sciences po., Paris 1984.

16. BERCÉ, [13].

17. Mona OZOUF, [118], [119].

18. NAMER, [116] et OZOUF, [118], [119].

19. D. DAYAN et E. KATZ, « la Commémoration et le rituel à la télévision », dans *Film et Histoire,* coll. « l'Histoire et ses représentations », E.H.E.S.S., 1984.

20. *Nasi Prazdniki,* Moscou, 1977 (à partir de).

21. K. FEIGELSON, « *La télévision, relève de l'Agit-Prop?* », dans *Film et Histoire,* cité note 19.

22. Christel LANE, [90].

23. *Ibidem* et MAZAEV, [107].

24. DI BELLA, [41].

25. André MIQUEL, *Sept contes des Mille et Une Nuits,* Paris, Sindbad, 1981, 295 pages; et le compte rendu de Perey KEMP, dans *Communication 39,* « les Avatars du conte », Le Seuil, 1984.

26. LE GOFF, « les Paysans et le monde rural dans la littérature du haut Moyen-Age » repris dans [96] pp. 131-145.

27. Nous remercions G. BOQUET, [18] de nous avoir fait connaître ce livre de SACCIO, [131].

28. SOROKINE, [135].

29. Marc FERRO, [53] et l'article de H. PUISEUX dans *Film et Histoire* cité note 19.

30. Youssef ISHAGHPOUR, [83].

31. Les études de Richards et Chevaldonne figurent dans Sylvie DALLET [39].

32. Sur le cinéma des minorités, des émigrés, des immigrés, des femmes, etc., lire *CinémAction*, la revue de Guy HENEBELLE qui, avec persévérance, en établit l'inventaire. Voir également S. DALLET, [39], qui traite du cinéma révolutionnaire.

33. Nous remercions G.-A. ASTRE, professeur émérite à Paris X^{e} de nous avoir fait connaître cette publication, éditée par E. WEATHERFORD, Indian-Heye Foundation, N.-Y., 1981.

34. Pierre NORA, « le Fardeau de l'histoire aux U.S.A. », *Mélanges Renouvin*, Paris P.U.F., 1966; Frances FITZGERALD, *America revised : History schoolbooks in the 20th century*, Atlantic Little-Brown, 1979; J. RICHARDS, *Visions of yesterday*, Londres, 1973.

Voir également J. L. BOURGET, *le Cinéma américain*, Paris, 1983.

35. T. CRIPPS, *Black Films as a genre*, Ind. U. Press, 1978.

36. Ce texte reprend en la modifiant une communication faite aux colloques Griffith, cf. *Film et Histoire*, [58].

DEUXIÈME PARTIE

CLIO, ENTRE LE DOCTEUR MARX ET LE DOCTEUR KNOCK

CHAPITRE PREMIER. – *Pour une histoire autonome.*

1. J. CLAVREUL, [37], p. 34.

2. S. JARCHO, « Polybius on Medecine and History », *Bulletin of the New York Academy of Medecine*, vol. 43, n° 6, juin 1967, p. 528 et suivantes. Nous remercions le Dr GRMEK de nous avoir communiqué ce texte.

3. J. E. SCHLANGER, [133]. Sur l'Etat-savant, cf. F. CHÂTELET et E. PISIER-KOUCHNER, [31], notamment la quatrième et la cinquième partie.

4. G. E. R. LLOYD, [102], notamment la quatrième section. Nous remercions N. LORAUX de nous avoir fait connaître cet ouvrage.

5. Anne MARKOVITCH, [105].

6. Propos tenus par F. ENGELS lors de l'oraison funèbre de K. MARX.

7. L'expression est de Judith SCHLANGER.

8. Cf. l'ouvrage de J. E. SCHLANGER, *op. cit.*, note 3.

9. Pour ne pas être en reste, les anarchistes avaient suivi le mouvement, Kropotkine établissant à son tour, après Bakounine, les fondements de l'anarchisme « scientifique ».

10. Cf. Marcel GAUCHET, « De l'avènement de l'individu à la découverte de la société », dans *Annales E.S.C.*, nº 3, 1979, pp. 451-464, à propos de l'ouvrage de L. DUMONT, [44].

11. Sur SIMMEL, lire l'excellente préface de R. BOUDON, [136].

12. Sur le rôle du médecin à la fin du XVIIIe siècle, outre les travaux, connus des lecteurs des *Annales*, de M. FOUCAULT, J. P. PETER, J. LEONARD et J. P. GOUBERT, on lira sur cet aspect du problème : Harvey MITCHELL, [110], pp. 82-112.

13. Et, aujourd'hui, en Amérique centrale, par exemple, le médecin a renoué avec cette fonction politique et morale.

14. Cf. Mark FIELD, [57].

15. Sur les fondements théoriques de l'identification de l'opposition politique à une maladie, cf. Marc FERRO, *l'Occident devant la révolution soviétique*, Paris, Editions Complexe, 1981, pp. 93-98, ainsi que R. TUCKER, dans RIGBY, *Stalin*, Prentice Hall, 1966, et le témoignage de Vladimir BOUKOVSKI, *Une nouvelle maladie mentale en U.R.S.S : l'opposition*, Paris, Le Seuil, 1971 Introduction de J. J. Marie.

16. GAUCHET-SWAIN, [66], la 5e partie.

17. Robert PAXTON, *la France de Vichy*, Paris, Le Seuil, 1973, les chap. 3 et 5.

18. Sur les *Annales E.S.C.*, lire in LE GOFF [95] les articles sur « l'Histoire nouvelle », de J. LE GOFF; les « Annales », de J. REVEL et R. CHARTIER; « l'Anthropologie historique », de A. BURGUIÈRE, sur les débats des *Annales*, les contributions de A. BURGUIÈRE et J. REVEL dans *Annales E.S.C.*, nº 6, 1979, pp. 1347-1377. Voir également la thèse de DUMOULIN [45].

19. Dans *The Degradation of Democratic Dogma*, New York, 1919; cité dans *The Harvest of a Quiet Eye*, The Institute of Physics, Bristol-Londres, 1977, p. 1 et 73.

20. F. FURET, « La Naissance d'histoire », dans [63], p. 101.

21. Sur le « glissement » de positif à positivisme, cf. Ch. 0. CARBONELL, [26], pp. 173-186. Sur les peuples qui échappent à l'histoire, cf. M. Duchet [43].

22. Lucien FEBVRE, [51], pp. 581-590.

23. Ch. MORAZÉ, [114] et [115].

24. Pierre CHAUNU, [32], p. 115.

25. Marc FERRO, « Le film, une contre-analyse de la société? », *Annales E.S.C.*, n° 1, 1973, pp. 109-125.

26. Comparer la relative sérénité de l'histoire en Grande-Bretagne; cf. S. BAUDEMONT, [9].

27. Aux *Annales*, durant les années 1963-1970, où nous étions secrétaire, F. Braudel ne cessait de maugréer contre « cette histoire où il y a des bons et des méchants ».

28. Marc BLOCH, [16], p. 71. Il existe un très grand nombre de références allégoriques à la chimie, à la physique, aux sciences naturelles chez Bloch, Febvre et Braudel.

29. Cf. « Note sur l'histoire de la quantification », dans P. LAZARSFELD, [91].

30. B. BARRET-KRIEGEL, [8].

31. Sur la méthode de Thucydide et ses rapports avec la méthode historique, cf, C. N. COCHRANE, [38] et Ch. LICHTENHAELER, [101]. Nous remercions le Dr Grmek et P. Vidal-Naquet de nous avoir fait connaître ces ouvrages.

32. A. MOMIGLIANO, [112], p. 18.

33. L'expression est de Jean Rostand cité par GRMEK, [72], p. 8.

34. Sur les liens entre la méthode de Claude Bernard et celle de Durkheim, cf. P. Q. HIRST [80] et GRMEK, [72].

35. Observer, classer, comparer, isoler sont les termes mêmes utilisés par F. BRAUDEL, [23], tome I, préface, pp. 9-10, et préface de *la Méditerranée*, [22], voir annexe.

36. Paul VEYNE, [148], p. 14.

37. François FURET, « Sur quelques problèmes posés par le développement de l'histoire quantitative », dans *Social Science. Information sur les sciences sociales*, 1968, pp. 61-83; et, du même, « Histoire quantitative et fait historique », dans *Annales E.S.C.*., n° 1, 1971, pp. 63-76. Pour l'Allemagne, cf. G. G. IGGERS, « The University of Götingen 1760-1800 and the Transformation of historical scholarship », *Storia della Storiografia*, n° 2, 1982, pp. 11-38.

38. J. REVEL, [127].

39. Sur le problème du savoir immédiat et du savoir médiatisé, cf. K. POMIAN, [121] qui aborde aussi la médiation du concept.

40. Sur la profession médicale et la réaction des patients, rappelons E. FREIDSON, [62]; I. ILITCH, *Nemesis médicale*, 1973, Le Seuil; D. KOTELCHUCK, *Prognosis negative*, N. Y., éd. Vintage, 1975.

41. J. FAVRET-SAADA, [49]; R. ROBIN, [130]. Notons que dans la préface de *Montaillou*, E. LEROY LADURIE prend en charge le discours du paysan sur lui-même. Le regard ethnologique y prend l'avantage sur la démonstration expérimentale. Sur l'histoire orale, voir l'ouvrage de JOUTARD, [85].

42. Cf. SURATTEAU, [141].

43. K. POMIAN, « l'Histoire des structures », dans *la Nouvelle Histoire*, pp. 548 et suivantes.

44. Guy BOIS, [17].

45. F. FURET, dans *Faire de l'histoire*, tome I, p. 46; J. REVEL, [127], ainsi que FOX-GENOVESE, [61].

46. Il a aussi existé un décalage : historiens marxistes, Labrousse, Vilar, etc, ont accompli leur œuvre alors qu'en U.R.S.S. et dans les P.C. staliniens, l'élimination de Pokrovski signifiait le retour à une histoire militante.

47. Paul VEYNE, *l'Inventaire des différences*, Paris 1977; ainsi que « Foucault révolutionne l'histoire », texte ajouté à la nouvelle édition de *Comment on écrit l'histoire*, Paris, Le Seuil, « Points », 1978, pp. 201-242.

48. *Times literary supplement* du 16 mars 1983, article de S. GEERZ.

49. Cf. BARG [7].

50. J. N. AFANASEV, *l'Historisme contre l'éclectisme*, Moscou, 1980, 276 pages dans INGERFLOM, « Moscou, le procès des *Annales* », *Annales E.S.C.*, 1982, nº 1, pp. 64 et suivantes.

51. A. BESANÇON, [15].

52. L. STONE, [139], pp. 41-46.

53. Benveniste distingue le récit qui est une sorte de narration et le discours qui s'adresse à d'autres et transmet un message, distinction qui ne saurait s'appliquer à la science historique, dont les récits peuvent transmettre, même innocemment, des messages. Les observations de GENETTE, [67],

en revanche, peuvent être prises en compte par l'historien.

54. E. VIGNE, [154].

CHAPITRE II. – *Histoire autonome et connaissance de l'histoire*

1. MOMIGLIANO, [112].

2. P. NORA, [97], et [117bis].

3. Roger CHARTIER, conférence à l'Ecole polytechnique, Paris, 1984.

3b. AZIZ AL-AZMEH, « History and narrative in arabic historical writing », *Les Annales,* 1985.

4. Communication au *Colloque sur 1905*, organisé par F.-X. COQUIN.

5. Cf. WENDEN, [151] et Marc FERRO, [53].

6. Cf. C. GUINZBURG et Carlo PONI, « la Micro-histoire », *le Débat,* n° 17, 1981 et Marc FERRO, [55].

7. « Un procès pour vol d'artichauts en 1743 », [74]. Nous remercions F. Garçon de nous avoir fait connaître ces dossiers d'histoire genevoise.

8. Entretien avec Me Benoliel, Saint-Germain-en-Laye, 1984.

9. CLAVERIE, in DI BELLA, [126].

10. Credo MUTWA, *My people,* Londres, 1969.

11. Arlette FARGE, [48].

12. Texte du rapport Giraud, in [40].

13. Cf. tous les problèmes d'histoire orale soulevés par Dominique ARON-SCHNAPPER, [3] et Philippe JOUTARD, [85]. Un exemple, Annie GOLDMANN, [71].

OUVRAGES CONSULTÉS

Cet inventaire comporte des textes qui n'ont pas le même statut, ouvrages théoriques, analyses historiques, travaux historiographiques, manuels scolaires, etc. – et qui n'ont pas été utilisés au même titre. On se reportera aux notes pour en reconnaître le mode d'emploi. Les ouvrages que nous avons le plus mis à contribution sont précédés d'un astérisque.

*1. AMALVI Christian, *les Héros de l'histoire de France*, Paris, 1979.

2. « Archives orales, une autre Histoire », *Annales ESC*, 1980, 1, pp. 124-200.

3. ARON-SCHNAPPER Dominique et HANET Danielle, « D'Hérodote au magnétophone : sources orales et archives orales », *Annales ESC*, 1980, 1, pp. 183-200.

4. *Au Berceau des Annales*, sous la direction de C. O. CARBONELL et G. LIVET, colloque de Strasbourg, 1979, Presses de l'Université de Toulouse, 1983.

5. *Critique*, « *Aux sources de la sociologie* », juin 1984, pp. 445-446.

6. BACZKO Bronislaw, *les Imaginaires sociaux – Mémoires et espoirs collectifs*, Paris, Payot, 1984, 242 p.

7. BARG, M. A., *Catégories et méthodes de la science historique* (en russe), MOSCOU, 1984, 342 p.

8. BARRET-KRIEGEL Blandine, « Histoire et politique, ou l'histoire, science des effets », *Annales ESC*, 1973, 6, pp. 1437-1463.

9. BAUDEMONT Suzanne, *l'Histoire et la légende dans l'école élémentaire victorienne*, Klincksieck, 1980.

10. BEC Christian, *les Marchands écrivains à Florence 1375-1434*, Paris, Mouton, 1967.

11. BENASSAYAG Danielle, *la Politique de l'Etat dans la sociologie de Durkheim*, DES, Paris I, 1979.

12. BENREKASSA Georges, *la Politique et sa mémoire; le politique et l'histoire dans la pensée des Lumières*, Paris, Payot, 1983, 370 p.
13. BERCÉ Yves, Marie, *Fête et révolte – Des mentalités populaires du XVIe au XVIIIe siècle*, Paris, Hachette, 1976, 250 p.
14. BERTAUX Daniel (edited by), « Biography and Society, Sage Studies », in *Intern Sociology*, 1981.
15. BESANÇON Alain, *Histoire et expérience du moi*, Paris, Flammarion.
16. BLOCH Marc, *Apologie pour l'Histoire, le métier d'historien.*
17. BOIS Guy, « Marxisme et histoire nouvelle », *la Nouvelle Histoire*, pp. 375-393.
18. BOQUET Guy, « Shakespeare », *Théâtre et Société*, Paris, Flammarion, 1969, 142 p.
19. BOURDÉ Guy et MARTIN Hervé, *les Ecoles historiques*, Paris. Le Seuil, 1983.
20. BOURGET Jean-Loup, *le Cinéma américain*, Paris, P.U.F., 1984.
*21. BRAUDEL Fernand, *Ecrits sur l'histoire*, Paris, Flammarion, 1969.
22. – *La Méditerranée à l'époque de Philippe II*, Paris, 1949.
23. – *Civilisation matérielle, Economie et capitalisme*, 1981.
24. BURGUIÈRE André, « Anthropologie historique », in *La Nouvelle Histoire, op. cit.*
25. *Cahiers du Cinéma, « Survol noir américain »* n° 308, févr. 1980.
26. CARBONELL, Charles-Olivier, « l'Histoire dite positiviste en France », *Romantisme*, 1978 n° 21-22.
27. CARBONELL Charles-Olivier, *l'Historiographie*, P.U.F., « Que sais-je », 1981, 128 p.
28. CERTEAU Michel DE, *l'Ecriture de l'histoire*, Paris, 1975.
29. CHARBONNIER Jean, *l'Interprétation de l'histoire en Chine contemporaine*, Univ. de Lille III, 1980, 2 vol.
30. CHARTIER Roger, « Discipline et invention, les fêtes en France, XVe-XVIIIe siècles », *Diogène*, n° 110, avril 1980, pp. 51-71.
31. CHÂTELET François et PISIER-KOUCHNER Evelyne, , *les Conceptions politiques au XXe siècle*, Paris, 1981, 1088 p.

32. Chaunu Pierre, *Histoire, science sociale*, Paris, Sedeis, 438 p.
33. Chaunu Pierre, « Histoire quantitative, histoire sérielle », *Cahier des Annales*, n° 37, 1978.
34. Chesneaux Jean, *Du passé faisons table rase?*, Paris, Maspero, 1976, 192 p.
35. Citron Suzanne, *Enseigner l'histoire aujourd'hui*, Paris, Ed. ouvrières, 1984.
36. Colloque « Manuels d'histoire et mémoire collective », avril 1981, organisé par Henri Moniot.
*37. Clavreul Jean, *l'Ordre médical*, Paris, Le Seuil, 1976.
*38. Cochrane C. N., *Thucydides and the science of history*, Oxford, 1929, 240 p.
39. Dallet Sylvie, *Guerres révolutionnaires, Histoire et Cinéma* (sous la direction de), Paris, Public. de la Sorbonne, éd. L'Harmattan, 1984, 360 p.
40. *Des enfants sans histoire, le livre Blanc de l'enseignement de l'histoire*, préfacé par Alain Decaux; enquête de J. F. Fayard, Paris, Perrin, 1984, 288 p.
41. Di Bella Maria Pia, « Name, blood and miracles : the claims to renown in traditionnal Sicily », in J. G. Peristiany and J. Pitt-Rivers (sous la direction de), *Honour and Grace*, Chicago University Press, 1985.
42. Dosse François, *l'Ecole des Annales dans les médias depuis 1968*, thèse 3e cycle, Paris VII, 1983.
43. Duchet Michèle, *le Partage des Savoirs, discours historique, discours ethnologique*, Paris, la Découverte, 1985, 232 pages.
44. Dumont Louis, *Homo Aequalis*, Paris, 1981.
45. Dumoulin A., *La naissance des Annales*, thèse 3e cycle, EHESS, 1983.
46. Duprat Gérard (Etudes publiées sous la direction de), *Analyse de l'idéologie*, Paris, éd. Galilée, 1983, tome II. Thématiques, 450 p.
47. Enteen G., *The soviet scholar-bureaucrat, Pokrovskii and the society of marxist historians*, Pennsylvania State, Univ. Press, 1978, 236 p.
48. Farge Arlette, *le Vol d'aliments à Paris au XVIIIe siècle*, Paris, Plon, 1974, 254 p.
49. Favret-Saada J., *les Morts, la mort, les sorts*, Paris, 1977.

50. *Feature film and History*, edited by KRM short Crooms helm London, 1981, 192 p.
51. FEBVRE Lucien, « Pour les historiens, un livre de chevet, le cours d'économie politique de Simiand », *Annales d'histoire économique et sociale*, 1930.
52. FEBVRE Lucien, *Pour une histoire à part entière*, Paris, Senpen, 1962.
53. FERRO Marc, *Cinéma et histoire*, Paris, Denoël, 1980.
54. FERRO Marc, *Comment on raconte l'histoire aux enfants à travers le monde entier*, Payot, 1981, 318 p.
55. FERRO Marc, « Fait divers, fait d'histoire », *Annales (ESC)*, 1983, nº 4.
56. *Les fêtes de la Renaissance*, éd. du CNRS, 3 vol., 1956, 1960, 1975; avèc la collaboration de C. GAIGNEBET, J. CL. MARGOLIN.
57. FIELD Mark, *Doctor and Patient in Soviet Russia*, Harvard, Univ. Press, 1957, 266 p.
58. *Film et Histoire*, collectif. Paris, ed. EHESS, C.I.D., 1984.
59. FONTANA Joseph, « Asense i decadencia de l'escuela dels *Annales* », revue *Recerques*, Barcelone, 1974, 4, pp. 283-298.
60. FOUCAULT Michel, *l'Archéologie du savoir*, Paris, Gallimard.
61. FOX-GENOVESE E. and GENOVESE D., *Fruits of Merchant Capital*, Oxford Univ. Press, 1983, 470 p.
62. FREIDSON Eliott, *la Profession médicale*, Paris, éd. nouvelle, Payot, 1984 (1re édition en anglais, 1970).
*63. FURET François, *l'Atelier de l'historien*, Paris, Flammarion, 1983.
64. FURET François, « La Révolution dans l'imaginaire politique français », *le débat*, sept. 1983, pp. 173-183.
65. FURET François, *Penser la Révolution française*, Paris, Gallimard, 1977.
66. GAUCHET Marcel et SWAIN Gladys, *la Pratique de l'esprit humain; l'institution asilaire et la révolution démocratique*, Paris, Gallimard, 1980, 520 p.
67. GENETTE Gérard, *Nouveau discours du récit*, Paris, Le Seuil, 1983.
68. GENDRE et JAVELIER F., *Ecole, Histoire de France et minorités nationales*, Lyon Féderop, 1978, 318 pages.

69. GÉRARD Alice, *la Révolution française, mythes et interprétation,* « Question d'Histoire », Flammarion, 1970, 140 p.
70. GINZBURG Carlo, « Signes, traces, pistes. Racines d'un paradigme de l'indice », *le Débat,* nov. 1980, pp. 3-45.
71. GOLDMANN Annie, *les Filles de Mardochée,* Paris, 1982.
*72. GRMEK M. D., *Raisonnement expérimental et recherches toxicologiques chez Claude Bernard,* Genève, 1973, 475 p.
73. GUENÉE Bernard, *Histoire et culture historique dans l'Occident médiéval,* Paris, Aubier, 1981.
74. HAEBERLI Laurent, « Un procès pour un vol d'artichauts en 1743 », *Documents d'histoire genevoise,* nº 3, Genève, 1978, 24 p.
75. HALBWACHS Maurice, *les Cadres sociaux de la mémoire,* Paris, Alcan, 1925, rééd. Mouton, 1975, préface de François Châtelet, 300 pages.
76. HALBWACHS Maurice, *la Mémoire collective,* Paris, PUF, 1950, préface de Jean Duvignaud, 202 pages.
77. HEERS Jacques, « Métiers et fêtes médiévales en France du Nord et en Angleterre », *Revue du Nord,* 1973, pp. 193-206.
78. HERAIL Francine, « Quelques aspects de l'historiographie japonaise », *Encyclopédie permanente du Japon,* PUF, 1982.
79. HERAIL Francine, « Regards sur l'historiographie de l'époque Meiji », communication au colloque de Montpellier sur l'historiographie, juillet 1983.
*80 HIRST P. Q., *Durkheim, Bernard and epistemology,* London, 1975, 212 p.
80b. *History and theory, Studies in the philosophy of history,* Wesleyan University Press, 1960. Les articles de R. Aron, I. Berlin, Finley.
81. HUPPERT Georges, *l'idée de l'histoire parfaite,* Paris, Flammarion, 1973.
82. ISAMBERT F. A., « Fête », *Encyclopedia universalis,* vol. VI, pp. 1046-1051.
83. ISHAGHPOUR Youssef, *Visconti,* Paris, 1984.
84. JAULIN Robert, *le Livre Blanc de l'ethnocide en Amérique,* Fayard, 1972.
85. JOUTARD Philippe, *Ces voix qui nous viennent du passé,* Paris, Hachette, 1983, 268 p.

86. JULIA Dominique, « Enseignement de l'histoire » dans *La Nouvelle Histoire,* sous la direction de J. LE GOFF, P. CHARTIER, J. REVEL.
87. KAESER Samuel, « Annaliste paradigme, the geo-historical structure of F. Braudel », *The American Historical Review,* févr. 1981, pp. 63-106.
88. KAKH J., « la Nouvelle science historique » dans *Aujourd'hui l'Histoire,* Paris, éd. Sociales, 1974, pp. 143-162.
89. KAYE Harvey J., *The British Marxist Historians,* Cambridge, Polity Press, 1984, 316 pages.
90. LANE Christel, *The rites of rulers, ritual in industrial society – The soviet case,* Cambridge, Univ. Press, 1981, 310 pages.
91. LAZARSFELD P., « Note sur l'histoire de la quantification », *Philosophie des sciences sociales,* Paris, 1970, pp. 75-163.
92. LEENHARDT Jacques et MAJ B., *la Force des mots, le rôle des intellectuels,* Paris, Mégrelis, 1982, 180 pages.
93. LEFEBVRE Henri, *la Fin de l'histoire.*
94. LEFORT Claude, *les Formes de l'histoire,* essai d'anthropologie politique, Paris, Gallimard, 1978, 330 pages.
*95. LE GOFF, en coll, avec R. CHARTIER et J. REVEL; *Dictionnaire de la Nouvelle Histoire,* C.E.P.L., 1978.
96. LE GOFF Jacques, *Pour un autre Moyen-Age,* Paris, Gallimard, 1977, 420 pages.
97. LE GOFF Jacques et NORA Pierre (sous la direction de), *Faire de l'histoire,* 3 vol., Gallimard, 1974.
98. LEQUIN Y. et MERAL J., « A la recherche d'une mémoire collective : les métallurgistes retraités de Givors », *Annales ESC,* 1, 1980, pp. 149-167.
99. LE ROY LADURIE E., *Montaillou,* Paris, 1978.
100. LE ROY LADURIE, E., *Histoire du climat depuis l'an Mille,* Paris, Flammarion, 1967.
101. LICHTENHAELER Ch., *Thucydide et Hippocrate vus par un médecin praticien,* Genève, 1965, 250 pages.
102. LLOYD G.E.R., *Reason and experience. Studies origins and developpement of greek science,* Cambridge, Univ. Press 1979, 336 pages.
103. MAINGUENEAU Dominique, *les Livres d'école de la République, 1870-1914, discours et idéologie,* Paris, Le Sycomore, 1979, 344 pages.

104. Mc. lennan Gregor, *Marxism and the methodologies of History*, Londres, Verso éd., 1981, 272 pages.
*105. Marcovitch Anne, « Between the image of the human body and the image of social body a continuity? Reading of an English Physician, S.O. Lettsom 1746-1815 » in *The problem of medical knowledge*, Londres, 1981.
106. Marrou Henri Irénée, *De la connaissance historique*, Paris, Le Seuil, 1954.
107. Mazaev A. A., *Prazdnik kak social' no-Xygozect bennoe jablehie* (la Fête, comme phénomène social et artistique), Moscou, 1978, 392 pages (en russe).
108. Mead Margaret, *le Fossé des générations*, Paris, Denoël, 1970.
109. Milo Daniel, « la Bourse mondiale de la traduction, un baromètre culturel? ». *Annales ESC*, 1984, 1, pp. 93-117.
110. Mitchell Harvey, « Rationality and control in French 18 th. century-Views on the peasantry » in *Comparative studies in Society and History*, vol. 21, 1, janvier 1979.
111. Mitscherlich A. et M., *le Deuil impossible, les fondements du comportement collectif*, Paris, Payot, 1972, 318 pages, trad.
112. Momigliano Arnaldo, *Problèmes d'historiographie ancienne et moderne*, Paris, Gallimard, 1983, 482 pages.
113. Monniot Henri, *Enseigner l'histoire des manuels à la mémoire*, Peter Lang, 1983, 24 p.
114. Morazé Charles, *la Logique de l'histoire*, Paris, 1967.
115. Morazé Charles, « Logique du vivant et logique de l'histoire », *Annales ESC*, n° 1, 1974.
116. Namer Gérard, *Batailles pour la mémoire, la commémoration en France de 1945 à nos jours*, Paris, éd. Papyrus, 1983, 214 pages.
*117. Nora Pierre, « L'événement monstre », *Communications* 18, 1972; et ses contributions dans *op. cit.* [11], [13], [97].
117b. Nora Pierre, *les Lieux de la mémoire*, Paris, 1984.
*118. Ozouf Mona, *la Fête révolutionnaire*, Paris, Gallimard, 1976.
119. Ozouf Mona, « Peut-on commémorer la révolution française? » *le Débat*, sept. 1983. p. 161-173.
120. *Past and Present*, 1952-1985.

*121. POMIAN Krzysztof, « l'Histoire de la science et l'histoire de l'histoire », *Annales ESC*, nº 5, 1975, pp. 935-953.
122. POMIAN K., *l'Ordre du temps*, Gallimard, 1984, 364 pages.
123. PROST Antoine, *l'Enseignement en France, 1800-1967*, Armand Colin, 1968.
124. RABB T. K. and ROTBARG R.I., *The new history, the 1980 and beyond*, Princeton Univ. Press, 1982, 332 pages.
125. RAPHAËL Freddy, « le Travail de la mémoire et les limites de l'histoire orale », *Annales ESC*, 1980, 1, pp. 127-146.
126. « Représentations du vol de bétail dans les sociétés méditerranéennes », dans *Production pastorale et société*, nº 13, août 1983, présenté par Maria Pia di Bella, M.S.H., Paris, 183 pages.
127. REVEL Jacques, « Histoire et Sciences sociales, les paradigmes des *Annales* », Annales, nov/déc. 1979.
128. *Revue du cinéma*, « *le Cinéma indépendant noir américain* », nº 363, juillet-août 1981.
129. RICŒUR Paul, *Temps et récit*, Paris, Le Seuil, 1983, t. 1, 320 pages.
130. ROBIN Régine, *le Cheval blanc de Lénine*, Paris, 1979.
131. SACCIO Peter, *Shakespeare's English Kings, History, chronicle and drama*, Oxford Univ. Press, 1977, 268 pages.
132. SARTRE Jean-Paul, *Cahiers pour une morale*, Paris, Gallimard, 1983, 600 pages.
*133. SCHLANGER Judith, *les Métaphores de l'organisme*, Paris, Vrin, 1971, 270 pages.
134. SCHNAPPER Dominique et HANET Danielle, *Histoire orale ou archives orales*, Paris, 1980.
135. SOROKINE Dimitri, *Napoléon dans la littérature russe*, Paris, Publications orientalistes de France, 1974, 384 pages.
136. SIMMEL G., *les Problèmes de la philosophie de l'Histoire*, préface de R. Boudon, Paris, PUF, 1984.
137. SOUYRI P., *le Moyen-Age japonais, histoire et écriture de l'histoire*, thèse de troisième cycle, INALCO, 1984, sous la direction de M. VIÉ.
138. STOIANOVITCH T., *French historical method; The annales paradigme*, Ithaca, 1977.
139. STONE L., « Retour à l'histoire narrative ? » dans Y *a-t-il une nouvelle histoire ?* Actes du colloque de juillet 1980, institut collectif européen, repris dans *le Débat*.

140. *Storia della storiografia*, revue d'historiographie.
141. SURATTEAU J. R., « les Historiens, le marxisme et la naissance des *Annales*; l'historiographie marxiste vers 1929, un mythe? », in *Au Berceau des Annales*.
142. TEYSSIER-TCHERNYCHEV Annie, *l'Enseignement de l'histoire en U.R.S.S., la formation des jeunes soviétiques par l'étude de l'histoire de la Russie et des pays occidentaux*, thèse de troisième cycle, Paris IV, 1984, sous la direction de B. KERBLAY.
143. *The Fugger newsletter*, edited by George T. Matthews, N. Y., Capricorn books, 1970, 274 pages.
144. THOMSON P., *The voice of the past, oral history*, Oxford Univ. Press, 1978.
145. TRIGANO Schmuel, *la Demeure oubliée*, Lieu commun, 1984.
146. VALENSI Lucette, « Archives orales, une autre histoire? », présentation *Annales 1*, 1980, pp. 124-127.
147. VEGH Claudine, *Je ne lui ai pas dit au revoir, Des enfants de déportés parlent*, postface de Bruno Bettelheim, Paris, Gallimard, 1979.
148. VEYNE Paul, *Comment on écrit l'histoire*, Le Seuil, 1971.
149. VILAR Pierre, « Problèmes théoriques de l'histoire économique », dans *Aujourd'hui l'histoire*, Paris, éd. sociales, 1974, 352 pages, p.121-131.
150. VILAR Pierre, « Histoire marxiste, histoire en construction », *Annales ESC*, 1973.
151. WENDEN D. J., « Battleship Potemkin », in *Feature film and History*, Londres, Croomhelm, 1981, p. 37-62.
152. ZONABEND Françoise, *la Mémoire longue*, Paris, Mouton.
153. ZVEREV I. D., *Méthode d'enseignement dans l'école soviétique*, Unesco, Delachaux et Niesl, 1983, 130 p.
154. VIGNE Eric, « Décadence et biologie, comment colorier les concepts », *Scarabée international*, nº 3-4, 1982; ainsi que « la Nouvelle Histoire a-t-elle raté son congrès de Tours? », texte inédit aimablement communiqué par l'auteur.
155. VILLATE Béatrice, « le Parcours de l'oubli, le cinéma allemand depuis 1945 », in *Film et Histoire* 1984.

ANNEXES ET DOCUMENTS

ANNEXE I

Note sur les programmes

On ne saurait aborder ici le problème des programmes scolaires. Indiquons seulement que, selon nous, le choix des problèmes et événements à analyser pourrait procéder de plusieurs paramètres :

1. A l'époque où ces événements se sont produits, ils ont été perçus comme d'une importance extrême; les populations se sont senties hautement concernées;
2. ils ont été conservés par la mémoire des sociétés comme de grands événements;
3. ils ont amené un changement dans la vie des Etats et des sociétés. Ils ont eu, ainsi, des effets de longue durée;
4. leur signification a donné naissance à des interprétations multiples, dont on débat encore aujourd'hui;
5. leur portée dépasse le cadre même des lieux où ils se sont produits;
6. ils demeurent vivants par le nombre d'œuvres qu'ils suscitent : romans, écrits historiques, films.

Ces critères tiennent compte à la fois de la conscience de l'histoire – le vécu des sociétés (1, 2, 4, 6) – et des phénomènes réels que les sociétés n'ont pas pu percevoir, vu le recul de l'histoire (3 et 5). L'application de ces critères permettrait de privilégier les phénomènes qui répondent au plus grand nombre (la Révolution française, par exemple), de faire connaître des phénomènes que le temps a effacés et qui, néanmoins, aident à l'intelligibilité du passé (critère 1 : l'arianisme, la querelle des images, par exemple); d'introduire des « faits » que l'« ancienne histoire » n'évoquait qu'incidemment : les grandes épidémies, le rôle du droit et de la jurisprudence, etc.

ANNEXE II

Sur le contenu des Annales

Les procureurs qui mettent *les Annales* sous surveillance estiment qu'après 1945, et surtout depuis des années 1960, la revue a abandonné le modèle économique au profit du modèle anthropologique ou démographique; plus encore identifiant l'histoire politique à l'histoire événementielle, ils jugent que *les Annales* négligent les phénomènes contemporains, et notamment leur aspect politique ou idéologique, à l'avantage de l'étude des mentalités.

Pour que ces appréciations bénéficient de leur juste mesure, il est indiqué ici les thèmes de quelques articles parus depuis une dizaine d'années, précisément sur ces domaines prétendument négligés.

Problèmes économiques contemporains

Jean Bouvier, « Pour une histoire sociale de la monnaie et du crédit XIXe-XXe siècle », 1974.

C. André et R. Delorme « l'Evolution séculaire des dépenses publiques en France », 1978.

L. Fontvielle, « Dépense publique et problématique de la dévalorisation du Capital », 1978.

M. Lacave, « Stratégies d'expropriation et haussmannisation, l'exemple de Montpellier », 1980.

J. Cl. Martin, « le Commerçant, la faillite et l'historien », 1980.

J.-P. Alinne et M. Lescure, « Pour une étude des appareils économiques d'Etat au XIXe s. », 1981.

P. O.Brien et C. Keyder, « les Voies de passage vers la société

industrielle en Grande-Bretagne et en France. 1780-1914 », 1979.
S. C. KOLM, « l'Age de Keynes aux Etats-Unis et sa fin dans le monde », 1975.
A. HIRSHMAN, « Grandeur et décadence de l'économie du développement », 1981.
P. BOYER et J. MISTRAL, « la Crise, d'une analyse historique à une prospective », 1982.
L. PUISEUX, « la Politique énergétique de la France depuis la guerre », 1982.
P. BOYER et J. MISTRAL, « la Crise – Pesanteur des années 1980 », 1982.
P. SOUYRI, « la Crise de 1974 et la riposte du Capital », 1982.
A. BRODER, « l'Industrie électrique en France », 1984.
Ch. DE MONTLIBERT, « la Crise de la Lorraine sidérurgique », 1984.

Vie et problèmes politiques à l'époque contemporaine

Maurice AGULHON, « Pour une archéologie de la République », 1973.
S. C. KOLM, « Chili-Portugal : vers une théorie des processus révolutionnaires modernes », 1976.
Marc FERRO, « la Naissance du système bureaucratique en U.R.S.S. », 1976.
L. BIANCO, « Essai de définition du maoïsme », 1979.
A. KNIGHT, « la Révolution mexicaine, révolution minière ou révolution Serrano », 1982.
C. CHARLE, « Champ littéraire et champ du pouvoir : les écrivains et l'affaire Dreyfus », 1977.
S. WILSON, « le monument Henry : structure de l'antisémitisme en France », 1977.
S. INGERFLOM, « les Socialistes russes face aux pogroms 1881-1883 », 1982.
Ch. TILLY et E. SHORTER, « les Grèves en France 1880-1968 », 1973.
L. BODIN, « De Tours à Villeurbanne : hypothèses pour une lecture renouvelée de l'histoire du P.C.F. », 1975.

D. MALDIDIER, et R. ROBIN, « Du spectacle au meurtre de l'événement, Charlety 1968 », 1976.
A. MOREL, « Pouvoir et idéologies au sein d'un village picard hier et aujourd'hui », 1975.
J. L. ROBERT et Michel CAVANCE, « Evolution de la syndicalisation en France de 1914 à 1921 », 1974.
M. OFFERLÉ, « Illégitimité et légitimation du personnel politique en France avant 1914 », 1984.
Jacques JULLIARD, « le Fascisme en France », 1984.
W. SEWELL, « la Conscience de classe chez les prolétaires pendant la monarchie de Juillet », 1981.
A. CHOLVY, « Histoires contemporaines en Pays d'Oc », 1978.
Ch. CHARLE, « le Recrutement des hauts fonctionnaires en 1901 », 1980.
SFEZ, CAUQUELIN, BAILLEUX, « Une affaire de décentralisation dans la région toulousaine », 1976.
F. STARR, « Utopie, politique et urbanisme pendant la révolution culturelle soviétique », 1977.
J.-L. DOMENACH, « Une crise en Chine : la société henanaise en 1956-1957 », 1979.
AUBERT, CHENG et LEUNG, « Entraide spontanée, entraide provoquée en Chine : l'Intervention communiste 1943-1944 », 1982.
M. GILSENAN, « l'Islam dans l'Egypte contemporaine, religion d'Etat, religion populaire », 1980.
Ch. DECOBERT, « Islamisation et arabisation dans le bassin tchadien », 1982.
J.-P. DIGARD, « l'Autre Shi'isme », 1980.
G. KEPEL, « Mouvement islamiste intégriste et tradition savante en Egypte », 1984.
Marc FERRO, « Homo islamicus, Homo soviéticus », 1980.

Problèmes idéologiques et théoriques contemporains

P. VILAR, « Histoire marxiste, histoire en construction », 1973.
S.C. KOLM, « A quoi sert la science économique », 1975.
J. ELSTER, « Un marxisme anglais : à propos d'une nouvelle

interprétation du matérialisme historique », 1981.
G. Friedmann, « Un essai sur la crise 1970-1975 », 1976.
Marcel Gauchet, « De l'avènement de l'individu à la découverte de la société », 1979.
Cl. Lefort, « Penser la révolution dans la Révolution française », 1980.
Chandler, Davis « la Socio-biologie et son explication de l'humanité », 1981.
E. Le Roy Ladurie, « Malthus ou Marx, à propos d'un livre de G. Bois », 1978.

Naturellement, ces modes de classification peuvent être renouvelés – Kang Zeng a bien noté, par exemple, plusieurs articles qui approchent les problèmes du Politique selon des procédures croisées; pour l'époque contemporaine, indiquons seulement parmi les articles parus ces dernières années :

F. Garçon, « Cinéma et histoire, les trois discours du Juif Süss », 1978.
B. Schnapper, « Pour une géographie des mentalités judiciaires : la litigiosité en France au XIXe siècle », 1979.

DOCUMENT 1

Critique de l'étude des causes dans l'histoire traditionnelle

« Un excellent exemple en est fourni par C. Seignobos lui-même, lorsqu'à la fin de son *Histoire politique de l'Europe contemporaine* il conclut qu'en somme toute l'évolution politique contemporaine a dépendu de trois hasards, la révolution de 1830, celle de 1848 et la guerre de 1870-1871. En quoi ces trois faits sont-ils donc des hasards?

" 1° La révolution de 1830 qui a détruit l'alliance de l'Europe contre la Révolution, implanté dans l'Ouest le régime parlementaire et préparé l'incubation des partis catholique et socialiste, [...] a été l'œuvre d'un groupe de républicains obscurs servis par l'inexpérience de Charles X; 2° La révolution de 1848 qui a fait passer dans la pratique le suffrage universel, préparé l'unité nationale de l'Europe centrale, organisé les partis socialiste et catholique, [...] a été l'œuvre de quelques agitateurs démocrates et socialistes aidée par le découragement subit de Louis-Philippe; 3° La guerre de 1870 qui a créé l'Empire allemand, l'a rendu prépondérant en Europe, a détruit le pouvoir temporel du pape, a changé le caractère de la guerre et établi le régime de la paix armée, [...] a été l'œuvre personnelle de Bismarck préparée par la politique personnelle de Napoléon III. " Nous retrouvons là, prise sur le vif, cette disposition d'esprit qui tout à l'heure, dans l'explosion d'un rocher, nous énumérait comme cause le roc, la poudre, le feu et oubliait la cause véritable, la force brisante du gaz. Il y a eu, dans beaucoup de pays et dans beaucoup d'époques, de petits groupes d'agitateurs obscurs et des rois inexpérimentés ou pris de découragement : cependant l'action de ces quelques agitateurs n'a pas suffi à produire une révolution de gouvernement; et l'action de quelques agitateurs dans un pays, à aucun autre moment, n'a suffi à provoquer en quelques semaines, dans tous les autres pays, des bouleversements analogues. Les causes profondes, les vraies causes sont omises : la désintégration sociale accomplie par la Révolution et survivant à une restauration factice du régime ancien, une inadaptation des gouvernements rétablis aux tendances sociales nouvelles, une disposition collective des esprits, etc. On note l'étincelle, on oublie la puissance d'explosion de la poudre. A la guerre de 1870, on note l'action de deux individus, Bismarck et Napoléon III, et on omet toute la longue préparation des institutions et de l'esprit social qui s'est développée en Allemagne pendant tout le XIXe siècle, et dans laquelle le génie même d'un Bismarck n'aurait pas fait son œuvre, n'aurait peut-être pas existé, et on omet aussi toute l'évolution française; on oublie simplement tous les facteurs sociaux, d'importance cependant essentielle. – Dans les effets de ces « accidents », on note (telle la destruction du pouvoir temporel du pape comme effet de la guerre de 1870) des faits dont l'événement « accidentel » n'a très évidemment été que la *cause occasionnelle*, qui ne soutiennent avec lui aucun rapport vraiment causal : indiquer la cause occasionnelle d'un fait n'est en aucune façon l'*expliquer*.

« Si donc l'étude des faits humains tend à *expliquer*, au sens scientifique du mot, elle tendra par là même, non certes à ignorer l'élément individuel ou contingent, mais à en faire la part, afin, dans ses résultats propres, d'en éliminer l'action : elle se proposera comme sa tâche dominante non pas de mettre en évidence la suite de ces contingences, mais au contraire de dégager les relations stables et définies qui, une fois ces contingences constatées et mises à part, peuvent apparaître entre les phénomènes. Il se peut qu'ici la contingence se rencontre plus souvent et se présente plus étroitement mêlée à la régularité soupçonnée, et que l'élimination par suite en soit plus malaisée et demande plus de soins et de circonspection : mais l'opération n'est pas autre que dans les sciences positives déjà existantes, où elle est normalement pratiquée. Le relèvement du seuil d'un golfe a transformé des animaux marins en animaux de lac : l'anatomiste dirige son étude non sur ce relèvement du seuil, qui pour lui, est *accident*, mais sur l'évolution des formes et des êtres, sur les régularités dont cet accident a pu être la cause occasionnelle.

Le fait pour un individu de contracter une maladie peut le plus souvent être considéré comme contingent : le physiologiste, le médecin note cet élément contingent, mais il place son œuvre propre à établir la relation des causes et des effets qui, à la suite ou à l'occasion de cet événement accidentel, se produit dans l'organisme; et dans cette œuvre seulement est le progrès de la science. Ainsi dans le domaine de toutes les sciences positives se rencontrent des conditions contingentes : la science sociale n'a qu'à prendre exemple sur elles de la façon dont elles les traitent. Elle est peut-être dans une situation plus difficile, elle n'est pas dans une situation radicalement autre. »

François SIMIAND,
(extraits) « Méthode historique
et science sociale »,
Revue de synthèse, 1903.

DOCUMENT 2

Lénine : comment rendre marxistes les professeurs d'histoire

« Contraignez-les par des programmes bien définis, dit Lénine.

« Fixez, dans des programmes, des thèmes qui les obligeront, objectivement à adopter notre point de vue. Par exemple, mettez au programme l'histoire de la colonisation; ce thème les amènera à exposer leur point de vue bourgeois, ce que les Français pensent du comportement des Anglais dans le monde, ce que les Anglais pensent des Français, ce que les Allemands pensent les uns des autres. La littérature du sujet les obligera ainsi à dire les atrocités des capitalistes en général...

« En outre, mettez au programme une connaissance minimale de la pensée marxiste; dites que quiconque ne passera pas cet examen ne pourra pas enseigner. Je vous assure que même s'ils ne deviennent pas marxistes orthodoxes, il leur en restera quelque chose qui était totalement exclu des programmes jusque-là. Ensuite ce sera le travail des étudiants, sous notre contrôle politique, d'utiliser ce bagage comme il convient. »

« Lénine à Pokrovsky », publié en 1929, in Fitzpatrick, *op. cit.*, p. 69, 27 janvier 1924, *Pravda*, p. 2.

DOCUMENT 3

Préface de Fernand Braudel à La Méditerranée

« Toute œuvre se sent révolutionnaire, se veut une conquête, s'efforce de l'être. *La Méditerranée* ne nous aurait-elle obligé qu'à sortir de nos habitudes qu'elle nous aurait déjà rendu service.

« Ce livre se divise en trois parties, chacune étant en soi un essai d'explication d'ensemble.

« La première met en cause une histoire quasi immobile, celle de l'homme dans ses rapports avec le milieu qui l'entoure; une histoire lente à couler, à se transformer, faite souvent de retours insistants, de cycles sans cesse recommencés. Je n'ai pas voulu négliger cette histoire-là, presque hors du temps, au contact des choses inanimées; ni me contenter, à son sujet, de ces traditionnelles introductions géographiques à l'histoire, inutilement placées au seuil de tant de livres, avec leurs paysages minéraux, leurs labours et leurs fleurs qu'on montre rapidement et dont ensuite il n'est plus jamais question, comme si les fleurs ne revenaient pas à chaque printemps, comme si les troupeaux s'arrêtaient dans leurs déplacements, comme si les navires n'avaient pas à voguer sur une mer réelle, qui change avec les saisons.

« Au-dessus de cette histoire immobile se distingue une histoire lentement rythmée : on dirait volontiers si l'expression n'avait été détournée de son sens plein, une histoire *sociale,* celle des groupes et des groupements. Comment ces vagues de fond soulèvent-elles l'ensemble de la vie méditerranéenne, voilà ce que je me suis demandé dans la seconde partie de mon livre, en étudiant successivement les économies, les Etats, les sociétés, les civilisations, en essayant enfin, pour mieux éclairer ma conception de l'histoire, de montrer comment toutes ces forces de profondeur sont à l'œuvre dans le domaine complexe de la guerre. Car la guerre, nous le savons, n'est pas un pur domaine de responsabilités individuelles.

« Troisième partie enfin, celle de l'histoire traditionnelle, si l'on veut de l'histoire à la dimension non de l'homme, mais de l'individu, l'histoire événementielle de Paul Lacombe et de François Simiand : une agitation de surface, les vagues que les marées soulèvent sur leur puissant mouvement. Une histoire à oscillations brèves, rapides, nerveuses. Ultra-sensible par définition, le moindre pas met en alerte tous ses instruments de mesure. Mais telle quelle, de toutes c'est la plus passionnante, la plus riche en humanité, la plus dangereuse aussi. Méfions-nous de cette histoire brûlante encore, telle que les contemporains l'ont sentie, décrite, vécue, au rythme de leur vie, brève comme la nôtre. Elle a la dimension de leurs colères, de leurs rêves et de leurs illusions. Au XVIe siècle, après la vraie Renaissance, viendra la Renaissance des pauvres, des humbles, acharnés à écrire, à se raconter, à parler des autres. Cette précieuse paperasse est assez déformante, elle envahit le temps perdu, y prend une place hors de vérité. C'est dans un monde bizarre, auquel manquerait une dimension, que se trouve transporté l'historien lecteur des papiers de Philippe II, comme assis en ses lieu et place; un monde de vives passions assurément; aveugle comme tout monde vivant, comme le nôtre, insouciant des histoires de profondeur, de ces eaux vives sur lesquelles file notre barque comme le plus ivre des bateaux. Un monde dangereux, mais dont nous aurons conjuré les sortilèges et les maléfices en ayant, au préalable, fixé ces grands courants sous-jacents, souvent silencieux, et dont le sens ne se révèle que si l'on embrasse de larges périodes du temps. Les événements retentissants ne sont souvent que des instants, que des manifestations de ces larges destins et ne s'expliquent que par eux.

« Ainsi sommes-nous arrivés à une décomposition de l'histoire en plans étagés. Ou, si l'on veut, à la distinction, dans le temps de l'histoire, d'un temps géographique, d'un temps social, d'un temps individuel. Ou si l'on préfère encore, à la décomposition de l'homme en un cortège de personnages. C'est peut-être ce que l'on me pardonnera le moins, même si j'affirme que les découpages traditionnels fractionnent, eux aussi, l'histoire vivante et foncièrement une : même si j'affirme, contre Ranke ou Karl Brandi, que l'histoire-récit n'est pas une méthode ou la méthode objective par excellence, mais bien une philosophie de l'histoire elle aussi, même si j'affirme, et si je montre, par la suite, que ces plans ne veulent être que des moyens d'exposition, que je ne me suis pas interdit chemin faisant d'aller de l'un à l'autre... Mais à quoi bon plaider? Si l'on me reproche d'avoir mal assemblé les éléments de ce livre, j'espère qu'on trouvera les morceaux convenablement fabriqués, selon les bonnes règles de nos chantiers.

« J'espère aussi que l'on ne me reprochera pas mes trop larges ambitions, mon désir, mon besoin de voir grand. L'histoire n'est peut-être pas condamnée à n'étudier que des jardins clos de murs. Sinon ne faillirait-elle pas à l'une de ses tâches présentes, qui est aussi de répondre aux angoissants problèmes de l'heure, de se maintenir en liaison avec les sciences si jeunes, mais si impérialistes de l'homme? Peut-il y avoir un humanisme actuel, en 1946, sans histoire ambitieuse, consciente de ses devoirs et de ses immenses pouvoirs? " C'est la peur de la grande histoire qui a tué la grande histoire ", écrivait Edmond Faral, en 1942. Puisse-t-elle revivre! »

F. BRAUDEL, mai 1946.

DOCUMENT 4

Histoire événementielle, histoire non événementielle

« L'histoire est analyse, mieux que narration. Ce sont les concepts qui la distinguent du roman historique et de ses propres documents; si elle était résurrection et non analyse, il ne faudrait plus l'écrire; *la Guerre et la Paix* suffirait, ou les actualités filmées. La réalité existe sans être conçue distinctement, le romancier la crée ou la recrée; l'historien en donne l'équivalent conceptuel : il n'est pas seulement un érudit.

« La perspective de la conceptualisation donne son juste sens à ce qu'on appelle, en jargon de métier, l'histoire non événementielle. On désigne par cette expression une série de recherches dont l'unité n'apparaît pas à première vue : une étude sur l'attitude des marchands génois devant la recherche de la sécurité, une étude sur la démographie au XVe siècle; ces études auraient-elles en commun d'explorer la longue durée, les évolutions lentes? Pas essentiellement. L'histoire événementielle se pose en s'opposant à l'histoire d'autrefois, à “ l'histoire traités-et-batailles ”; cette dernière était une histoire narrative, écrite au niveau des sources, c'est-à-dire au niveau de la vision que les contemporains, auteurs de ces sources, avaient de leur propre histoire [...] Ils parlaient crise ministérielle, non idéal types, d'instabilité politique, naissance d'une fille chez le voisin, non taux de reproduction [...] L'histoire non événementielle est une histoire qui pousse la conceptualisation plus loin que ne le font ses sources et que ne le faisaient les historiens d'autrefois. »

Paul VEYNE, in *Faire de l'Histoire*, I. pp. 69-70.

DOCUMENT 5

Minutes du procès pour vol d'artichauts à Genève, 1743

Le 20 juin 1743, Pernette, fille de feu Jacob Gosson de Verny, âgée de 16 ans, faisait les réponses suivantes, à la suite d'un vol d'artichauts. Voici le texte du procès, publié par Laurent Haeberli.

« – *Chez qui elle demeure à présent?*

– Chez sa mère, à Verny, mais qu'elle va en journée.

– *Où elle a été en journée cette semaine?*

– Chez le nommé Paole, vigneron, depuis mardi.

– *Où elle a travaillé la semaine dernière, et où elle était le samedi?*

– Qu'ayant été malade toute la semaine, elle resta chez sa mère, mais le dimanche vint en ville.

– *Qu'est-ce qu'elle est venue faire en ville le dimanche?*

– S'affermer, aller à la messe et à vêpres.

– *Et aujourd'hui?*

– Apporter des artichauts et quelques plants de salade.

– *Et où elle a pris ces artichauts et cette salade?*

– Que c'est une ouvrière du dit Paole qui les lui a donnés pour les vendre; elle ne sait pas son nom mais est savoyarde.

– *Si ce n'est pas elle qui a pris ces artichauts.*

– Que oui avec la dite savoyarde qui lui a proposé de les voler et de les vendre.

– *Qui en a connaissance?*

– Personne; que le vol a été commis avant le jour, qu'elle est venue par la porte N.

– *Pourquoi elle a dit le matin qu'elle est entrée par Rives et qu'elle a reçu ces artichauts de la Boissière?*

– Qu'elle mentait en le disant.

– *Combien elle a vendu d'artichauts?*

– Qu'elle en a vendu une liasse.

– *Qui lui a dit qu'il y avait là des artichauts?*

– Que c'est l'ouvrière sus-dite.

– *Sommée de dire la vérité.*

– Qu'elle l'a dite.

– *Si elle demande pardon à Dieu et à la Justice de sa faute?*

– Que oui.

– *Si personne n'a vu prendre la corbeille à artichauts?*

– Que non.

– *Par où est-elle entrée dans le jardin de Monsieur de la Rive.*

– Par un trou qui était dans la haie.

« Répété, lecture faite a persisté et n'a pas signé de ce enquise, ne le sachant. A ajouté que l'ouvrière s'appelle Christine, mais qu'elle ne sait pas son autre nom. »

Cet interrogatoire s'est effectué à la suite d'une plainte de François Demole, valet de Monsieur le Professeur de la Rive, « qu'on lui aurait volé à diverses fois des artichauts [...], qu'il aurait trouvé ce jourd'hui au marché Saint-Gervais, la nommée Pernette Bosson qui vendait des artichauts qu'il aurait reconnus pour être siens, les ayant marqués le jour précédent ».

Un deuxième interrogatoire a lieu le 24 juin.

« – *Pourquoi elle a pris le nom de Bosson dans ses premières réponses?*

– Qu'il est vrai que son père s'appelle Jean Balval, que Bosson est le nom de sa mère, qu'elle ne se ressouvenait pas de celui de son père.

– *Que ce n'est pas elle qui, le dimanche d'avant, vendait des artichauts?*

– Que oui.

– *Quand on les lui remit, lui a-t-on dit qu'ils avaient été volés?*

– Que non, que si elle l'avait su, elle s'en serait pas chargée.

– *Si elle n'a pas été en service à Troinex?*

– Que oui, elle y a demeuré une semaine.

– *D'où vient qu'elle a dit qu'elle avait été précédemment malade et avait demeuré à Verny chez sa mère?*

– Qu'elle a menti en le disant.

– *Pourquoi elle a demeuré si peu de temps à Troinex?*

– Qu'elle quitta, ainsi que les autres domestiques, parce qu'on était mal nourri.

– *Si elle n'y a pas pris des draps de lit?*

– Que non – qu'elle l'a entendu dire avant d'aller à Troinex.

– *Pourquoi elle a dit être venue en ville pour aller à la messe et à vêpres?*

– Qu'elle n'était venue que pour la messe mais a rencontré la Christine. »

Un troisième interrogatoire a lieu le 25e de juin : on lui demande où elle a acheté le drap de lit qu'elle possédait. Elle répond : « à Tremblières, pour 5 florins et demi ».

La sentence prononcée : fouet et bannissement perpétuel.

(Documents d'histoire genevoise nº 3, réunis par L. Haeberli)

DEUXIÈME PARTIE

CLIO, ENTRE LE DOCTEUR MARX ET LE DOCTEUR KNOCK

DU MÊME AUTEUR

Aux Éditions Gallimard

LA GRANDE GUERRE 1914-1918 (Collection « Idées »), 1970.

DES SOVIETS AU COMMUNISME BUREAUCRATIQUE (Collection « Archives »), 1980.

Chez d'autres éditeurs

LA RÉVOLUTION DE 1917, *Aubier-Montaigne*
I. La chute du tsarisme et les origines d'Octobre, 1967.
II. Octobre, Naissance d'une société, 1976.

ANALYSE DE FILM, ANALYSE DE SOCIÉTÉS, *Hachette,* 1976.

CINÉMA ET HISTOIRE, *Denoël* (Collection « Médiations »), 1977.

L'OCCIDENT DEVANT LA RÉVOLUTION SOVIÉTIQUE, *Éditions Complexe, Bruxelles,* 1981.

COMMENT ON RACONTE L'HISTOIRE AUX ENFANTS À TRAVERS LE MONDE ENTIER, *Payot,* 1981.

SUEZ, NAISSANCE D'UN TIERS MONDE, *Éditions Complexe, Bruxelles,* 1982.

FILM ET HISTOIRE, *collectif EHESS,* 1984.

L'HISTOIRE SOUS SURVEILLANCE. Science et conscience de l'histoire, *Calmann-Lévy.*

Impression Brodard et Taupin
à La Flèche (Sarthe),
le 2 février 1987.
Dépôt légal : février 1987.
Numéro d'imprimeur : 6434-5.

ISBN 2-07-032380-3 / Imprimé en France
(Précédemment publié aux Éditions Calmann-Lévy
ISBN 2-7021-1393-1).

39828